Studienreihe Biologie Band 5
Herausgeber Professor Dr. Hans Knodel

Dr. Albert Danzer

Verhalten

2., neu bearbeitete und erweiterte Auflage

J.B. Metzlersche Verlagsbuchhandlung
Stuttgart

Bildnachweis

Abb. 1 aus Linsenmair – 21 a, b, 45 aus Lamprecht – 2, 3, 4, 6, 7, 8, 11, 13, 16, 19, 22, 27, 28, 29, 30, 42 Grafik Selveris – 5, 12, 24, 25, 35, 37, 39, 41, 46, 47, 50, 51 aus Eibl-Eibesfeldt – 9 aus Metzger – 10, 14, 20, 26 aus Tinbergen – 15 aus Roedle – 17, 18 aus Tembrock – 31 aus Blough-Blough – 32 aus Hess – 33, 34, 36 aus Rensch – 38 aus Neue Anthropologie Bd. 2, dtv – 40 aus Scientific American – 41 aus Fischel – 48 aus Schmalohr – 49 aus Atlas zur Biologie Bd. 2, dtv.

CIP-Kurztitelaufnahme der Deutschen Bibliothek

Danzer, Albert:
Verhalten / Albert Danzer. – 2., neu bearb. u. erw.
Aufl. – Stuttgart : Metzler,
1979
(Studienreihe Biologie ; Bd. 5)
ISBN 3-476-20175-9

Druck 1987, 1986, 1985
Die letzte Zahl nennt das Jahr des Drucks.
Alle Drucke einer Auflage können im Unterricht
nebeneinander verwendet werden.
Satz: Bauer & Bökeler Filmsatz KG, Denkendorf
Druck: Karl Grammlich, Pliezhausen
Printed in Germany

Inhaltsverzeichnis

Vorwort

In der vorliegenden Abhandlung wird versucht, das breite Spektrum und die Ergebnisse ethologischer Forschung in einer methodisch und didaktisch aufbereiteten Form darzulegen. Menschliches Verhalten ist insoweit beschrieben als Ergebnisse der Verhaltensforschung darüber vorliegen. Die Aussagen über menschliches Verhalten sind daher als Teilaussagen zu werten. Der breite Raum, den das Verhalten der Tiere einnimmt, ist unerläßlich für das Verständnis der Grundverhaltensweisen des Menschen; denn nur auf der Basis der beim Tier anwendbaren kausalanalytischen Methoden und der damit gewonnenen Erkenntnisse sind exakte und allgemein gültige Aussagen möglich. Überblickt man die Ergebnisse der Verhaltensforschung bei Tieren und vergleicht damit menschliche Verhaltensweisen, dann gewinnt man den Eindruck, daß diese in weit höherem Maße in biologischen Gegebenheiten wurzeln als man gemeinhin zugestehen möchte. Dies ist auch der Grund, warum als Abrundung der Gesamtdarstellung wichtige Aspekte menschlichen Verhaltens, die besondere gesellschaftliche und sozialpolitische Probleme berühren, den Abschluß der Ausführungen bilden.

Das logische System, mit dem die kausalanalytisch arbeitende Ethologie Erkenntnisse gewinnt, stellt die gleichen geistigen Anforderungen an das Denk-, Vorstellungs- und Erkenntnisvermögen wie andere naturwissenschaftliche Disziplinen auch. Daher wurde in dieser Darstellung auf die Angabe der Methoden, die Bildung von Hypothesen und die Abgrenzung ihres Gültigkeitsbereichs sowie auf das Aufzeigen alternativer Deutungen durch kritische Würdigung von Ergebnissen besonderer Wert gelegt. Der Absicht, daß dieses Buch orientierende und bildende Hilfe sein möge, diente die Bemühung um einen verständlichen Text und um sinnvolle Auswahl der Informationen. Die jedem Kapitel angeschlossenen Fragen und Aufgaben dienen der nachdrücklichen Beschäftigung mit dem Inhalt des Bändchens.

Die Möglichkeit einer Neuauflage wurde nicht nur zu einer Überarbeitung des Inhalts genutzt, sondern auch zur Erstellung eines Verzeichnisses der wichtigsten ethologischen Fachbegriffe sowie zur Erweiterung der Abschnitte über die Grundlagen des menschlichen Verhaltens, wobei kontroverse Ansichten und Deutungen ebenfalls Aufnahme fanden.

A. Danzer

1. Definitionen, Beschreibung des Verhaltens

Alle Tiere setzen sich aktiv mit ihrer Umwelt auseinander. Sie holen sich Nahrung, wehren Feinde ab oder fliehen vor ihnen, suchen Ruhe- oder Schlafplätze auf, finden sich zur Fortpflanzung zusammen, betreuen und beschützen die Jungen. Diese Tätigkeiten sind mit beobachtbaren Bewegungen, Körperhaltungen und Lautäußerungen verknüpft, welche die Änderung eines vorhergehenden Zustandes erkennen lassen. Die Änderung im Zustand eines Lebewesens, durch die es sich mit der Umwelt auseinandersetzt, nennt man *Verhalten*. Den gleichen Sachverhalt drückt auch folgende Definition aus: **Verhalten ist die Gesamtheit der beobachtbaren Bewegungen, Lautäußerungen und Körperstellungen eines Lebewesens.**

Das Verhalten in einem bestimmten **Verhaltensbereich** (z.B. Nahrungserwerb, Fortpflanzung) ist meist komplexer Natur und setzt sich aus Einzelkomponenten zusammen. Ein Frosch, der Insekten fängt, muß sich durch Körperwendungen nach der Beute orientieren, sie anschließend anspringen und mit einem Zungenschlag erhaschen. Jede dieser Einzelkomponenten des Verhaltens Beutefang nennt man eine **Verhaltensweise**. Jede Verhaltensweise enthält wiederum Einzelelemente (Beinbewegungen, Fixieren der Beute u.a.) als **Verhaltenselemente**.

Das Verhalten eines Lebewesens besteht aus ererbten und individuell erworbenen **Verhaltensanteilen.** Den Verhaltensweisen liegen im Nervensystem gespeicherte Informationen zugrunde, deren Gesamtheit als **Verhaltensprogramm** bezeichnet wird.

Das gesamte Verhalten eines Lebewesens ist an Raum und Zeit gebunden. Man kann daher die einem Verhalten zugrunde liegenden Verhaltensweisen beschreiben, sammeln und zählen und sie zu einem Gesamtkatalog des Verhaltens (**Ethogramm**) zusammenstellen. Verhaltensweisen lassen sich nach ihrer **Funktion, Leistung** und **Wirkung** beschreiben. Solche Beschreibungen sollen möglichst frei sein von Begriffen und Deutungen, die das Erleben eines Beobachters ausdrücken. Die Aussage, daß während der Fortpflanzungszeit ein Stichlingsmännchen beim Anblick der Farbe Rot aggressiv wird und daher rot gefärbte Objekte wütend angreift, ist rein subjektiv und zugleich ein **Analogieschluß**, weil der Beobachter von sich selbst weiß, daß sein Verhalten auch von Gefühlen begleitet ist, die er als Schmerz, Zorn, Wut, Lust, Unlust, Angst usw. erlebt. Dieses einem Verhalten des Menschen zugeordnete **subjektive Erleben** von Zuständen bezeichnet man als **psy-**

chisch oder seelisch. In der Aussage: »Der Stichling greift wütend an« überträgt der Beobachter das dem eigenen Verhalten (»angreifen«) zugeordnete Erleben (»wütend«) auf Organismen, die anscheinend ein dem Menschen entsprechendes Verhalten zeigen. Eine Aussage über ein Erleben, das ein Verhalten begleitet, ist nicht objektivierbar, da es keine experimentellen Methoden gibt, ein Erleben nachzuweisen.

Das Verhalten des männlichen Stichlings kann mit naturwissenschaftlichen Begriffen in folgender Weise beschrieben werden: Die Farbe Rot ist für das Tier ein Reiz, der über nervöse Instanzen bestimmte Bewegungskoordinationen auslöst, die auf das reizauslösende Objekt gerichtet sind. Diese Aussage ist jederzeit mit naturwissenschaftlichen Methoden experimentell nachzuweisen und damit objektivierbar, d.h. unabhängig von persönlichen Stimmungen, Meinungen, Mutmaßungen, Intentionen und Eindrücken des Beobachters.

2. Methoden der Verhaltensforschung

Die Verhaltensforschung untersucht Organismen als **ganzheitliche Systeme** in ihrer Umwelt, um festzustellen, wieso diese in der gegebenen Umwelt existieren können. Sie erforscht, wie Organismen durch ererbte Programme auf Umweltreize reagieren, wie sie individuelle Erfahrungen sammeln und weitergeben, wie sich das soziale Zusammenleben gestaltet und verfolgt den Werdegang von Verhaltensweisen im Laufe der Stammesgeschichte. Sie versucht auch aus ihren Erkenntnissen ein Verständnis für das **menschliche Verhalten** zu gewinnen.

Zur Bewältigung der Vielfalt dieser Aufgaben sind besondere direkte und indirekte Methoden erforderlich und auch entwickelt worden. Durch **Experimente** läßt sich feststellen, welche Verhaltensweisen einem Tier angeboren und welche erlernt, d.h. durch Erfahrung erworben sind. Um dies zu untersuchen, werden Tiere von Geburt an von ihren Artgenossen und ihrer natürlichen Umwelt **isoliert** aufgezogen und auf ihr Verhalten hin beobachtet (**Kaspar-Hauser-Versuch** Abb. 1). Alle arttypischen Verhaltensweisen, in denen sie dann mit ihren Artgenossen übereinstimmen, werden wohl angeboren sein; denn sie konnten sie nirgendwo er-

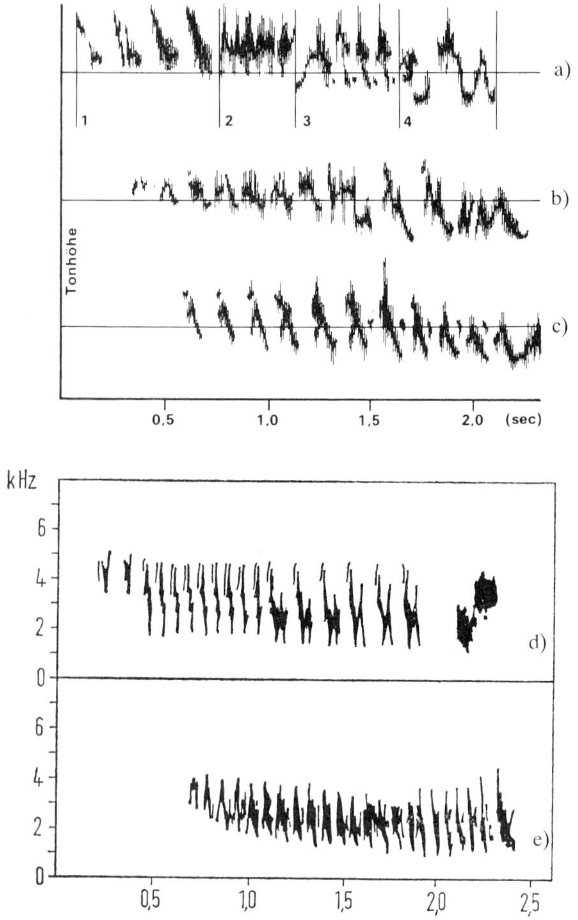

Abb. 1: Klangspektrogramm eines Kaspar-Hauser-Experimentes mit einem Buchfinken. a) Vierteilige Strophe des normalen Gesangs. b) Gesang eines Jungtieres, das etwa 5 Monate den Gesang erwachsener Artgenossen hörte, obwohl es während dieser Zeit selbst noch nicht singen konnte. c) Gesang eines schalldicht aufgezogenen Kaspar-Hauser-Tieres. Es beherrscht nicht die vierteilige Strophe. d) Gesang eines von den Elternvögeln aufgezogenen Jungtieres. e) Gesang eines schallisoliert aufgezogenen Tieres.

lernen. In anderen Experimenten kann zur Bestimmung der handlungsauslösenden Reize der natürliche auslösende Reiz durch einen künstlichen (**Attrappe**) ersetzt werden. Durch vielfache Abwandlung der Attrappen und Beobachtung der jeweils darauf erfolgenden Reaktionen läßt sich dann die handlungsauslösende Reizsituation genau festlegen. Durch **elektrische Reizung** bestimmter Gehirngebiete mit feinen Elektroden können spezifische Verhaltensweisen künstlich ausgelöst werden. Diese Methode gewährt Einblick in die nervösen Grundlagen des Verhaltens. Eine indirekte Methode ist der **Vergleich** verwandter Arten, dabei werden, wie bei der vergleichend-morphologischen Homologisierung Abwandlungen eines Verhaltens bei verschiedenen Arten verfolgt. Wenn z. B. zwischen zwei extremen Verhaltensformen gleitende Übergänge von der einen zur anderen Verhaltensform zu beobachten sind, kann man Homologie in Betracht ziehen. So ist z. B. die Balzbewegung eine Pfauhahns dem Futterlocken eines Haushahns homolog. Zwischen beiden Verhaltensformen sind Übergangsformen bei anderen Fasanenvögeln nachgewiesen. Ein weiteres Beispiel ist das »Hetzen« von Entenvögeln (S. 85). Diese Forschungseinrichtung erlaubt es, Verhaltensweisen zu **homologisieren** und damit ihre gemeinsame genetische Grundlage nachzuweisen.

Der Nachweis **mendelnder Erbgänge** von Verhaltensweisen im **genetischen Experiment** führt zur Abgrenzung zwischen angeborenem und erlerntem Verhalten. Von der Honigbiene sind zwei verschiedene Stämme bekannt, die sich im Verhalten gegenüber toten Bienenlarven in den Larvenkammern unterscheiden. Der eine Stamm entdeckelt diejenigen Larvenzellen, in welchen sich tote Larven befinden und entfernt die toten Larven aus den Zellen. Der andere Stamm beläßt die toten Larven in den abgedeckelten Zellen. Bei Kreuzung beider Stämme erhält man in der F_2-Generation u. a. Tiere, die zwar die Zellen entdeckeln, aber die toten Larven nicht entfernen und auch Tiere, welche die Larvenzellen nicht entdeckeln, aber aus künstlich entdeckelten Zellen die toten Larven entfernen. Diesem Verhalten liegen demnach zwei Gene zugrunde, eines, das die Öffnung der Zellen steuert und eines, das das Entfernen der Larven bewirkt.

Zur Untersuchung **menschlicher Verhaltensweisen** ist man auf **indirekte Methoden** angewiesen. Man vergleicht z. B. die Verhaltensweisen von Menschen verschiedener Kulturen, auch solcher die nicht in Informationsaustausch miteinander stehen. Die Übereinstimmung in bestimmten Verhaltensweisen kann dann nicht als **Konvergenzerscheinung**, sondern wahrscheinlich auf gleicher genetischer Grundlage beruhend betrachtet werden. Die **verglei-**

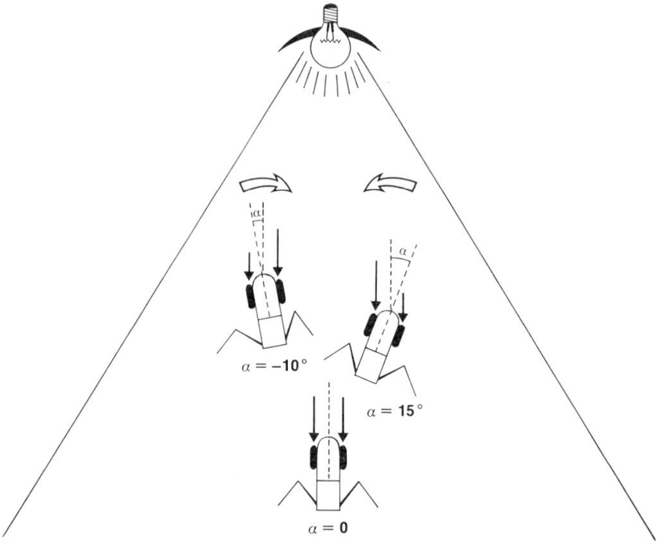

Abb. 2: Verhalten einer positiv fototaktisch reagierenden Stabheuschrecke in einem Lichtkegel. Dicke Pfeile = Drehtendenz des Tieres bei der betreffenden Körperhaltung. Länge der dünnen Pfeile = Erregungsgröße.

Durch fortwährendes Abtasten des Reizfeldes nach links und rechts wird die Laufrichtung konstant gehalten. Man kann dies durch folgenden Versuch nachweisen: Lenkt man das Tier während des Laufes durch Drehen des Tisches aus seiner Laufrichtung zum Licht ab, dann dreht es sich unmittelbar danach in die alte Laufrichtung zurück. Die Einstellbewegung und die Bewegung im Lichtfeld wird automatisch gesteuert.

Den Ablauf dieses Verhaltens kann man formal als biologische Regelung auffassen und durch eine **Regelkreisbetrachtung** beschreiben (Abb. 3): Die positiv fototaktisch reagierende Stabheuschrecke verhält sich aus einem inneren Antrieb heraus so, daß sie sich in Richtung der Lichtquelle einstellt. Die Erregung in einem Lichtreizfeld wird von beiden Augen (**Meßfühler**) gemessen und einer Verrechnungsinstanz zugeleitet, in der sowohl die Information »Erregungsmaximum für beide Augen« als auch »gleichstarke Erregung auf beiden Augen«, als Regelgröße gespeichert sind. Jede Abweichung (**Störung**) aus der angestrebten Orientierungsrichtung (**Soll-Lage**) wird durch die Augen als momentaner Wert (**Ist-Wert**) gemessen und der Verrechnungsinstanz zugeleitet.

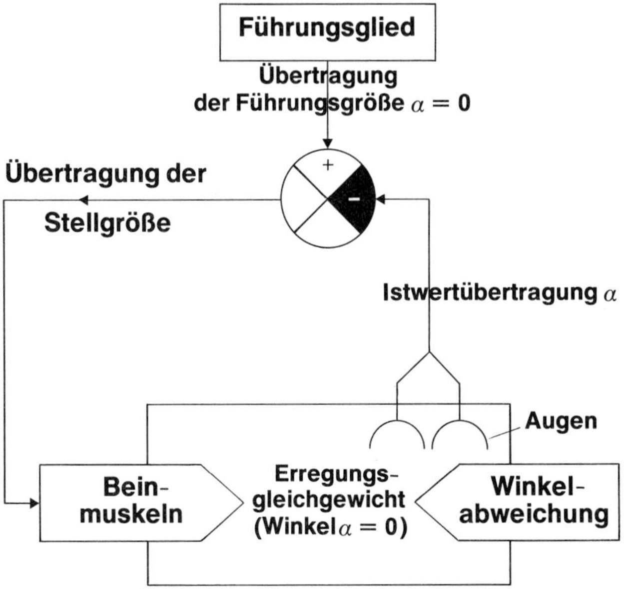

Abb. 3: Die fototaktische Reaktion einer Stabheuschrecke in Regelkreisdarstellung. Erläuterungen im Text.

Diese vergleicht die einlaufende Information mit der gespeicherten. Bei Abweichungen fließt eine entsprechende Information (**Stellgröße**) den Beinmuskeln (**Korrekturmechanismus**) zu, deren Tätigkeit so gesteuert wird, daß durch eine Körperwendung das Erregungsgleichgewicht in den Augen automatisch wiederhergestellt wird. Jede Regelabweichung induziert einen Kreisprozeß. Der Meßfühler meldet den augenblicklichen Wert der Regelgröße als Istwert an die Verrechnungsinstanz. Diese vergleicht mit dem Sollwert. Bei einer Abweichung zwischen Soll- und Istwert löst sie über das Stellglied solche Gegenreaktionen aus, daß das Erregungsgleichgewicht wieder hergestellt wird.

Das positiv fototaktische Verhalten der Stabheuschrecke kann man experimentell als Wirkung eines Regelkreises nachweisen, wenn man das Tier durch Auftragen eines schwarzen Lacktropfens, auf ein Auge einseitig blendet und damit die Einstellung des Reizgleichgewichtes in beiden Augen verhindert. Das Tier dreht sich erwartungsgemäß sowohl im Lichtkegel als auch im diffusen Licht im Kreis, und zwar nach der Seite, auf der das intakte Auge liegt. Bei Rechtsblendung dreht es sich gegen den Uhrzeigersinn, bei Linksblendung im Uhrzeigersinn.

3.2 Unbedingte Reflexe

Bei einem leichten Schlag mit einem kantigen Gegenstand auf die Kniesehne unterhalb der Kniescheibe schnellt der Unterschenkel unwillkürlich empor. Diese Reaktion ist nicht durch den Willen

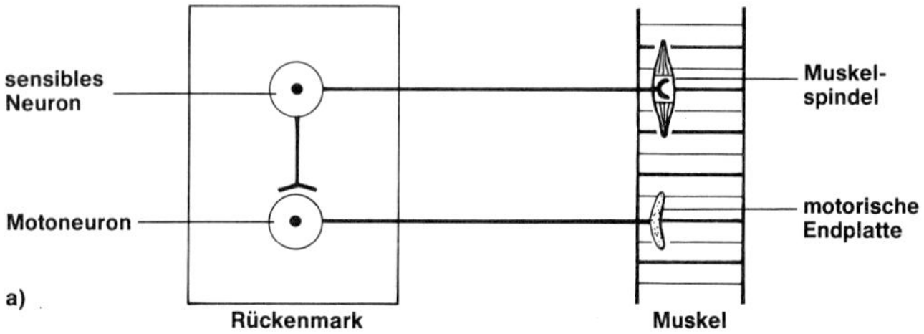

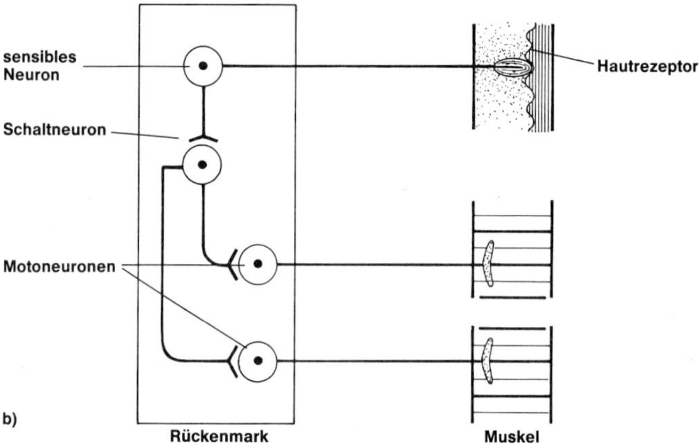

Abb. 4: a) Eigenreflex (z.B. Kniesehnenreflex). Der Rezeptor (Muskelspindel) und das reagierende Organ (Muskelfaser) bilden eine Einheit. Der Reflexbogen besteht aus Sinneszellen der Muskelspindel, sensibler Nervenzelle, motorischer Nervenzelle und Muskelfaser als Effektor.
b) Fremdreflex (z.B. Hautreflex). Der Hautrezeptor und das reagierende Organ (Muskel) sind räumlich voneinander getrennt. Die sensible Nervenfaser ist über eine Schaltnervenzelle mit einer oder mehreren motorischen Nervenzellen verbunden.

oder durch Muskelspannung zu unterdrücken. Das einzellige Glockentierchen (Vorticella) rollt bei Erschütterung den kontraktilen Haftstiel korkenzieherartig auf. Solche, auf einen unspezifischen Reiz hin schnell, gleichartig und unwillkürlich ablaufende Reaktionen heißen **unbedingte Reflexe**, auch kurz Reflexe genannt. Bei Organismen mit einem Nervensystem laufen Reflexe über einen **Reflexbogen** ab. Dieser besteht im einfachsten Fall aus einer Sinneszelle (**Rezeptor**), einer mit ihr verknüpften sensiblen Nervenzelle (**sensibles Neuron**) und einer motorischen Nervenzelle (**Motoneuron**), die mit einem Erfolgsorgan (**Effektor**), z.B. einer Muskelfaser, verbunden ist. (vergl. Abb. 4). Bei komplizierteren Reflexbögen läuft die in einer Sinneszelle gebildete Erregung über eine sensible Nervenzelle (sensibles Neuron) zu einer Schaltnervenzelle (Schaltneuron), von dort zu einer motorischen Nervenzelle (Motoneuron) und dann zum Effektor.

Reflexe können als **Eigenreflexe** und **Fremdreflexe** ablaufen. (Abb. 4). Bei Eigenreflexen liegen Rezeptor und Effektor im gleichen Wirkorgan. Beim Kniesehnenreflex bildet die Muskelspindel als Rezeptor mit der Muskelfaser als Effektor eine anatomische und funktionelle Einheit. Bei Fremdreflexen sind Rezeptoren und Effektoren räumlich getrennt. Ein Regenwurm, der an einer Körperstelle gereizt wird, reagiert mit einer Kontraktion des ganzen Körpers und nicht nur an der gereizten Stelle. Die Berührung einer heißen Ofenplatte mit der Fingerkuppe löst das Wegziehen des Fingers durch die Kontraktion der Oberarmmuskulatur aus.

Die Bedeutung der Reflexe als elementarste Form einer **Reiz-Reaktions-Beziehung** liegt in der schnellen Reaktion auf Außenreize zur Vermeidung schädlicher Einwirkungen. Reflexe sind als angeborene Verhaltensweisen nicht modifizierbar. Sie sind die Hauptreaktionsweisen der nieder organisierten Tiere (Hohltiere, Würmer). Die überwiegend reflektorische Steuerung der Lebensäußerungen dieser Tiere reicht für ihre Existenzerhaltung aus. Aber auch bei höher organisierten Organismen und beim Menschen sind Reflexe noch lebenswichtige Verhaltensweisen, wie z.B. der Schluckreflex, Saugreflex, Lidreflex, Hustenreflex.

3.3 Zentralnervöse Automatismen

Die Bewegungsorgane (Flossen, Beine, Gesamtkörper) vieler Tiere bewegen sich rhythmisch und koordiniert. Man deutete diese Befunde zunächst als Wirkung von Reflexen. Danach sollte bei den koordinierten Beinbewegungen, z.B. eines Tausendfüßlers, ein

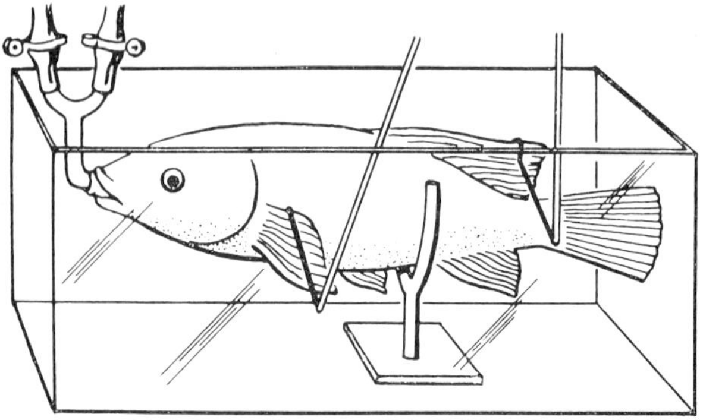

Abb. 5: Versuchsanordnung von Holsts zum Nachweis der zentralnernösen Automatismen. Der operierte Fisch wird künstlich beatmet, die Flossenbewegungen werden über Schreibhebel registriert.

äußerer Reiz eine reflektorische Bewegung eines Beinpaares auslösen. Diese Bewegung reizt über Sinneszellen die Muskulatur des folgenden Beinpaares, das darauf wiederum reflektorisch mit einer Bewegung antwortet. Der primäre Reflex löst demnach eine **Reflexkette** aus, welche die Koordination der Beinbwegungen bestimmt (**Reflexkettentheorie**). v. Holst untersuchte unter dem Aspekt dieser Theorie die Flossenbewegung von Fischen. Beim freischwimmenden Tier, das auf äußere Reize reagiert, wechseln die Flossenbewegungen sehr häufig und sind daher nur schwer zu analysieren. Den Tieren wurden deshalb unter Narkose die sensiblen Wurzeln der Rückenmarksnerven durchschnitten und operativ das Nachhirn vom Rückenmark getrennt, um die Auswirkung der Sinneseindrücke und des Gehirns auf die Flossenbewegung zu verhindern. Nach Überwindung des Operationsschocks begannen Brust-, Rücken-, Bauch- und Schwanzflossen, zum Teil ohne äußere Reizeinwirkung spontan mit fast mathematischer Regelmäßigkeit zu schwingen (Abb. 6, 7). Die Flossenbewegungen mußten demnach durch autonome, zentralnervöse, rhythmische Erregun-

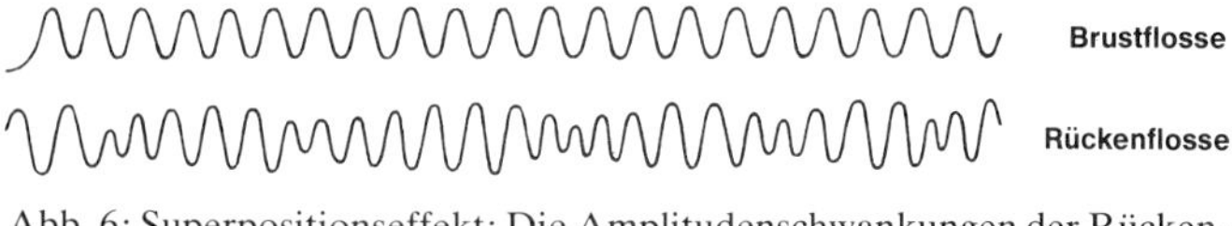

Abb. 6: Superpositionseffekt: Die Amplitudenschwankungen der Rückenflossenbewegung entstehen durch additive Überlagerung des unabhängigen Brustflossenrhythmus über den abhängigen Rückenflossenrhythmus.

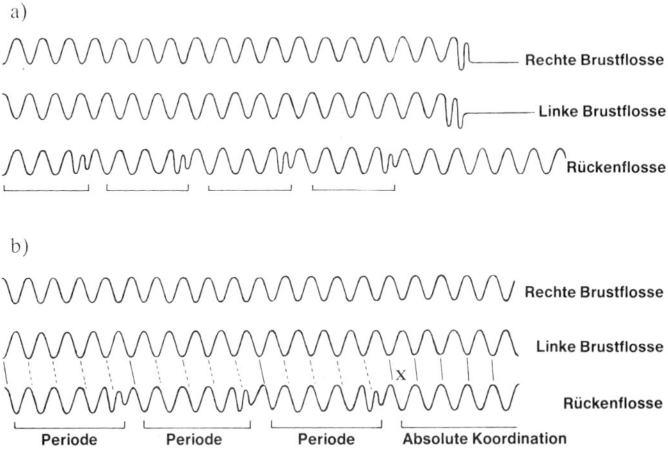

Abb. 7: Magneteffekt. a) Die Rückenflosse schwingt in zeitlich nahezu gleichen Perioden. Nach Anhalten der Brustflossen wird der etwas schnellere Eigenrhythmus der Rückenflosse gegenüber dem der Brustflosse sichtbar. b) Die gestrichelten Verbindungen zwischen Brustflossenrhythmus und Rückenflossenrhythmus deuten das Zurückbleiben der Schwingungsphase der Rückenflosse gegenüber der Brustflosse an. Die Rückenflosse wird durch einen raschen Zwischenschlag mit der Phase der Brustflosse synchronisiert (ausgezogener Strich). Bei (x) Übergang von relativer Koordination in absolute Koordination.

gen ausgelöst und unterhalten werden. Neben dieser **zentralen Rhythmik** wurden auch zwei Arten gegenseitiger Beeinflussung der zentralgesteuerten Rhythmen entdeckt.

3.3.1 Überlagerung (Superpositionseffekt)

Jede Flosse hat ihren eigenen Rhythmus (Eigenfrequenz), sofern sie allein schlägt. Setzt kurze Zeit danach eine andere Flosse mit der Bewegung ein, dann ändert die erste Flosse ihren Eigenrhythmus. Beispiel: Schlägt zunächst die Rückenflosse in ihrer Eigenfrequenz und setzt danach die Bewegung der Brustflosse mit etwas größerer Eigenfrequenz ein, dann wird der Schlag der Rükkenflosse derart verändert, daß sich die Amplitude der Schwingung in regelmäßigen Abständen in Form einer Schwebung ändert. Man erhält den entsprechenden Rückenflossenrhythmus, wenn man die Eigenschwingungen von Rücken- und Brustflosse addiert. Der

Rhythmus der Brustflosse beeinflußt als unabhängiger Rhythmus durch Überlagerung den Eigenrhythmus der Rückenflosse, der sich damit als **abhängiger Rhythmus** erweist (Abb. 6).

3.3.2 Koppelung (Magneteffekt)

Die zweite Art der Beeinflussung von Rücken- und Brustflossenrhythmus besteht darin, daß der unabhängige Brustflossenrhythmus die Tendenz hat, dem Rückenflossenrhythmus seinen eigenen Rhythmus und die entsprechende Phasenbeziehung aufzuzwingen, analog einem Magnetfeld, das die Ausrichtung von Eisenteilchen in Richtung der Magnetfeldlinien bewirkt. In Abb. 7a, b eilt der etwas schnellere Rückenflossenrhythmus und die entsprechende Phase dem des unabhängigen Brustflossenrhythmus voraus. Nach einigen Schwingungen wird der Rückenflossenrhythmus durch einen raschen Zwischenschlag dem Rhythmus der Brustflosse in Frequenz und Phasenbeziehung angeglichen. Dadurch entstehen zeitlich gleichlange und gleichartige Perioden des Rückenflossenrhythmus (**relative Koordination**). Schließlich wird der Rückenflossenrhythmus dem der Brustflosse völlig angeglichen, so daß beide Flossen mit gleicher Frequenz und gleicher Phasenbeziehung schlagen (**absolute Koordination**).

Im Magneteffekt wird durch nervöse Wechselwirkung der Rhythmus der Rückenflosse durch den der Brustflosse so beeinflußt, daß die Rückenflosse zu einer neuen Bewegung höherer Ordnung veranlaßt wird, die nicht durch Addition der beiden Grundrhythmen zustande kommt. Die neue Bewegungsform ist eine **Systemeigenschaft**, die durch gegenseitige Beeinflussung von zwei Automatiezentren entsteht. Man bezeichnet eine solche geformte und in der Zeit ablaufende Folge von rhythmischen Perioden als **Bewegungsgestalt.** Die Erscheinung der Gestaltbildung findet man bei Organismen auch in anderen Lebensbereichen, z. B. bei der optischen und akustischen Wahrnehmung der Umwelt. Auf diesen Tatbestand wird im nächsten Abschnitt eingegangen.

Als Ergebnis der geschilderten Versuche sind zwei wichtige Erkenntnisse hervorzuheben:

Es gibt im Organismus **autonome erregungsproduzierende Zentren**, die unabhängig von Außenreizen Dauererregungen bilden. Es existieren unabhängige, dominierende und abhängige Automatiezentren, die sich gegenseitig beeinflussen und durch deren Wechselwirkung neue Bewegungsformen als Bewegungsgestalt auftreten.

3.3.3 Gestaltbildung und Gestalttheorie

Im Magneteffekt werden gestaltbildende Vorgänge im physiologischen Bereich offenbar. Ihnen entsprechen Vorgänge im Bereich der Wahrnehmung. Bei der optischen Betrachtung der Umwelt sehen wir geformte Dinge, deren **Gestalt** durch zeitliche und räumliche Zusammenfügung von Einzelreizen entsteht. Durch Kontrastierung hebt sich diese Gestalt von der Umgebung ab. Zum besseren Verständnis dessen was man unter Gestalt versteht, betrachten

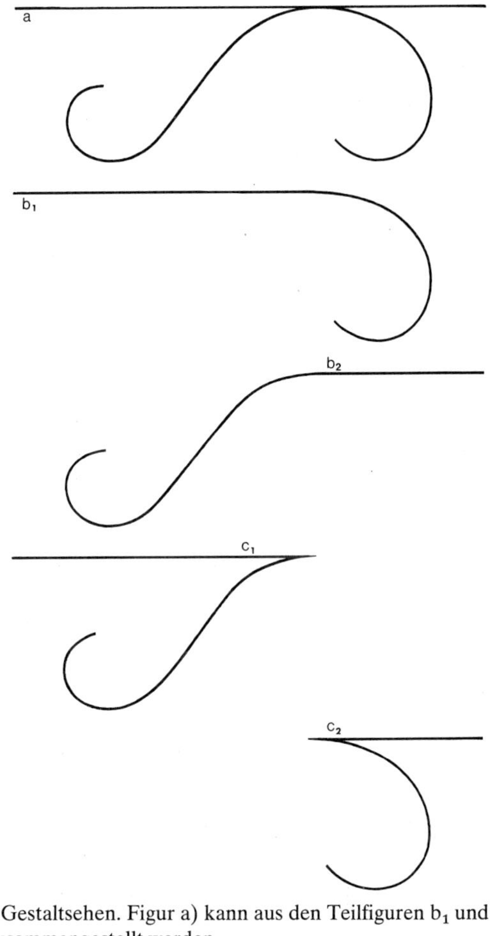

Abb. 8: Gestaltsehen. Figur a) kann aus den Teilfiguren b_1 und b_2 oder c_1 und c_2 zusammengestellt werden.

wir die auf Abb. 8, 9 dargestellten Figuren. Die Figur in Abb. 8a sehen wir unvermittelt als Gerade mit darunterliegender S-förmiger Kurve. Diese Figur kann man auch aus zwei Krummstäben oder anderen Elementen zusammensetzen (Abb. $8b_1$; b_2; $8c_1$; $8c_2$). Sobald die Teile zusammengesetzt sind, erscheinen sie nicht mehr aus den Elementen gebildet. In unserer Wahrnehmung vollzieht sich eine **Umgliederung** zu einer Geraden und einer liegenden S-förmigen Kurve. Das Muster der Abb. 9c läßt sich durch geeignete

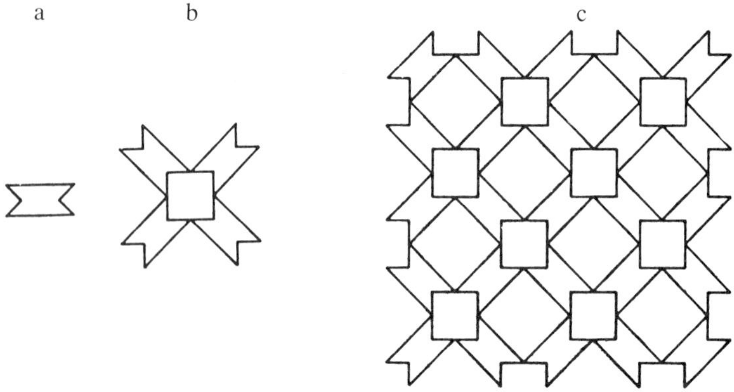

Abb. 9: Gestaltsehen. a) Grundelement Spindel. b) Kombination von 4 Spindeln. c) Kombinierte Figur aus b), weitere Erklärungen im Text.

Zusammensetzung aus mehreren spulenförmigen Gebilden herstellen. Wir nehmen aber nicht ein Netzwerk von Spulen wahr, sondern ein System aus kleinen Quadraten, die den Kreuzungsstellen sich rechtwinklig kreuzender Bänder aufliegen. Aus diesen Beobachtungen können wir folgern, daß unsere Wahrnehmung davon beeinflußt wird, wie und in welchen räumlichen Beziehungen die Teile, aus denen die Figur gebildet wird, zueinander stehen. Das Gesehene hat Eigenschaften, welche die Einzelelemente, aus denen sich die Figur zusammensetzt, nicht haben. In unseren Beispielen sind es die Eigenschaften der **Kontinuität** (Gerade, Band) und **Symmetrie** (S-Form, Quadrat). Weitere solche **Kohärenzfaktoren** sind Gleichheit, Ähnlichkeit von Details, räumliche Nachbarschaft und Umriß. Diese Eigenschaften bleiben die gleichen, unabhängig von der Größe der Figuren, dem verwendeten Material, der Farbe und der Ausführungsform (ausgezogen oder punktiert). Die gesehene Form ist gegenüber der Reizgrundlage (z. B. Spulen) ausgeprägter, regelmäßiger, einfacher, geschlossener und eigenständiger. Man nennt diese Erscheinung **Prägnanztendenz**. Jedes Gebilde, welches die aufgezeigten Eigenschaften besitzt, bezeichnet man als **Gestalt.** Was hier für räumliche Gebilde abgeleitet wurde, gilt auch für zeitliche Abläufe. Eine **Zeitgestalt** hat die gleichen Eigenschaften wie eine optische Gestalt. Die zeitliche Abfolge von bestimmten Tönen hören wir als Melodie und nicht als zeitliche Aneinanderreihung von Tönen. Eine Gestalt entspricht daher nicht der Summe ihrer Teile. Sie entsteht erst durch zeitliche oder räumliche Wechselwirkung und gegenseitige Beziehung der Teile untereinander. Die Gesangstrophe einer Amsel hat ebenso Gestaltcharakter wie die Duftspur, der eine Ameise oder ein Hund folgt.

Mit diesen Eigentümlichkeiten der Gestaltbildung befaßt sich die **Gestalttheorie**. Sie geht davon aus, daß nicht nur in der Wahrnehmung gestaltet wird, sondern daß Gestaltbildung allen psychischen Vorgängen und den diesen zugeordneten nervösen Prozessen zugrunde liegt. Ein Hinweis dafür ist die Entdeckung von Bewegungs- und Zeitgestalten bei der relativen Koordination.

3.4. Instinktverhalten

3.4.1 Analyse instinktiven Verhaltens: Die Instinkthandlung des Beutefangs beim Grasfrosch und der Eirollbewegung der Graugans.

Ein Frosch, der längere Zeit gehungert hat, streift zunächst unruhig umher und richtet seinen Körper nach bewegten Objekten bestimmter Größe. Kommt bei diesem Suchverhalten ein Insekt in Fangnähe, dann dreht sich der Frosch ruckartig durch eine reflektorisch-orientierende Wendung so der Beute zu, daß die Schnauzenspitze direkt auf das Beuteobjekt gerichtet ist. Bleibt die Beute in Fangweite sitzen, so zögert der Frosch kurz, springt und schleudert die Zunge auf die Beute ab. Bewegt sich das Tier während der kurzen Verzögerungszeit weiter, dann trifft die Zunge daneben. Der einmal ausgelöste Zungenschlag kann nicht mehr ortskorrigiert werden. Das gleiche Verhalten ist auslösbar, wenn man an einer Schnur kleine Papierschnitzel vor dem Tier hin und her bewegt. Wiederholt man dieses Verfahren mehrmals ohne Erfolg für den Frosch, dann unterbleibt schließlich die Beutefanghandlung. Weitere Beobachtungen sind folgende: Ein kaum bewegtes Papierschnitzel setzt die Reaktionsstärke der Fanghandlung derart herab, daß Sprung und Zuschnappen weniger häufig erfolgen als bei stark bewegtem Objekt. Einen ähnlichen Effekt hat der Sättigungsgrad des Tieres. Ein sehr hungriger Frosch schnappt nach allen beweglichen Objekten, ein halbgesättigter reagiert weniger häufig und ein satter Frosch unterläßt die Beutefanghandlung. Nähert man sich einem beutefangenden Frosch während der Fixierreaktion, so unterbricht er die eingeleitete Handlung und flieht. Bietet man einem Frosch in einem Terrarium Fliegen als Beuteobjekt und gleichzeitig bewegte, buntgemusterte Papierschnitzel, dann reagiert er bevorzugt auf das Papier.

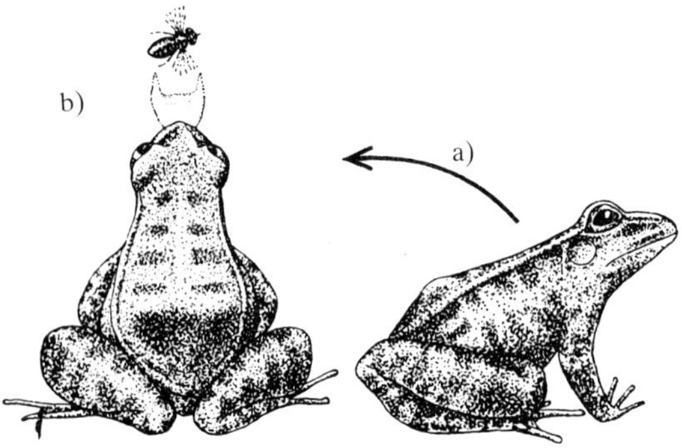

Abb. 10: Fanghandlung eines Frosches. a) Zielwendung (Taxis). b) Zungenschlag. (Erbkoordination).

Wenn man einer brütenden Graugans ein Ei aus dem Nest nimmt und es in Reichweite vor das Nest legt, wird es von der Gans zunächst aufmerksam beobachtet. Die zunächst geringen Bewegungen des Kopfes steigern sich bis zum vollen Ausstrecken des Halses in Richtung des Eies. Dabei schiebt das Tier auch den Körper vorsichtig auf den Nestrand zu. Berührt die Schnabelspitze das Ei, so wird es leicht angestoßen. Anschließend wird der Kopf über das Ei geschoben und so eingekrümmt, daß das Ei auf den Unterschnabel zu liegen kommt. Jetzt wird der Hals eingezogen und das Ei mit dem Schnabel unter seitlichen Balancierbewegungen zum Nest gerollt (Abb. 11). Die Balancierbewegungen sind notwendig, um das Ei auf geradem Kurs zu halten. Das Vorstrecken des Halses wird durch jeden Gegenstand von der Größe eines Eies und glatter Oberfläche (z.B. Pappei, Osterei) ausgelöst. Durch Betasten der Oberfläche mit der Schnabelspitze wird der Härtegrad geprüft. Entspricht er nicht der angeborenen Erwartung der Härte, wird der Gegenstand abgelehnt (z.B. Gummiball) oder aufgefressen (hartgekochtes Ei). Von den gesamten Merkmalen eines Eies als Handlungsobjekt werden also nur wenige bewertet. Es sind dies Größe,

Glattflächigkeit und Härtegrad. Die Kombination dieser Merkmale bildet den auslösenden Reiz für den Beginn der Eirollbewegung. Wird nach Anlaufen der Eirollbewegung das Ei vom Experimentator weggenommen, so läuft die Halsbewegung trotzdem vollständig ab, aber ohne seitliche Balancierbewegungen. Ein

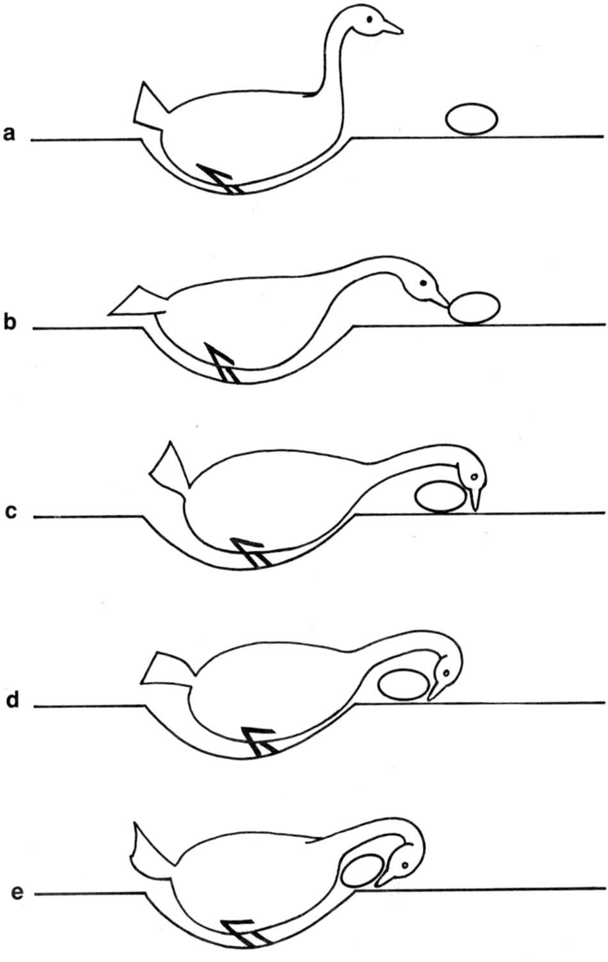

Abb. 11: Eirollbewegung der Graugans. a) Appetenzverhalten: Das Ei wird fixiert. b) Streckenbewegung des Halses und Antippen des Eies. c) Beginn der Eirollbewegung. d), e) Das Ei wird eingerollt.

Holzwürfel, der glatt auf dem Unterschnabel aufliegt, wird ebenfalls ohne Balancierbewegungen eingerollt. Wenn die Eirollbewegung im Experiment mehrmals nacheinander ausgelöst wird, dann unterbleibt sie schließlich, während die Streckung des Halses in Richtung auf das Ei noch mit voller Stärke abläuft. Die Eirollbewegung ist also ermüdbar. Unmittelbar nach dem Aussetzen der Eirollbewegung nimmt die Gans Niststoffe auf und legt sie mit einer typischen Halsbewegung nach hinten über die Schulter ab. Dies bedeutet, daß nicht die Halsmuskeln des Tieres ermüdet sind.

Die Beobachtungen und Auswertung des Beutefangverhaltens beim **Grasfrosch** und die Eirollbewegung der **Graugans** führt zu folgenden Deutungen bzw. Erkenntnissen:
1. Die Beutefanghandlung des Grasfrosches besteht aus drei angeborenen Teilhandlungen: einer orientierenden Wendung zum Beuteobjekt (Taxis), dem Sprung und der **Endhandlung**. Letztere besteht aus dem nicht mehr ortskorrigierbaren starr ablaufenden Zungenschlag. Die Eirollbewegung der Graugans besteht aus dem Antippen des Eies, dem Einkrümmen des Kopfes über dem Ei, den seitlichen Balancierbewegungen und dem stereotypen Einziehen des Halses (Eirollbewegung) als Endhandlung. Diese im Ablauf unveränderlichen und durch äußere auslösende Reize in Gang gesetzten Endhandlungen (Zungenschlag, Eirollbewegung) nennt man **Erbkoordinationen** oder **Instinktbewegungen**. Die Erbkoordination ist eine zeitlich und räumlich geordnete Folge von Bewegungen. Sie ist artspezifisch, verläuft formkonstant und besitzt alle Merkmale einer Gestalt (S. 15).

Die Einzelelemente des Zungenschlags – Herausschleudern der Zunge, Einrollen der Zungenspitze nach unten, Zurückziehen der Zunge ins Maul und Aufrollen der Zungenspitze nach oben – sind immer erkennbar, unabhängig davon, ob der Zungenschlag schnell oder langsam erfolgt. Gleiches gilt für die Einzelelemente der Eirollbewegung bei der Graugans. Die Gesamthandlung, die beim Grasfrosch aus den angeborenen Teilhandlungen Taxis – Sprung – Zungenschlag besteht, bei der Graugans aus Taxis und Einziehen des Halses, heißt Instinkthandlung oder **modaler Bewegungsablauf**. **Eine Instinkthandlung ist demnach eine geordnete Bewegungsfolge aus angeborenen Handlungsformen, die mit einer Instinktbewegung abschließt**.

2. Für eine Instinkthandlung ist ein Antrieb (innere Bereitschaft, Motivation, Stimmung) notwendig. Als Antriebsfaktoren (motivierende Faktoren) kommen innere oder äußere Faktoren in Frage (Abb. 12). Motivierende Faktoren sind z.B. der Glukosemangel bei Hungerzuständen, Hormone u.a. Die Nestbaubereitschaft von

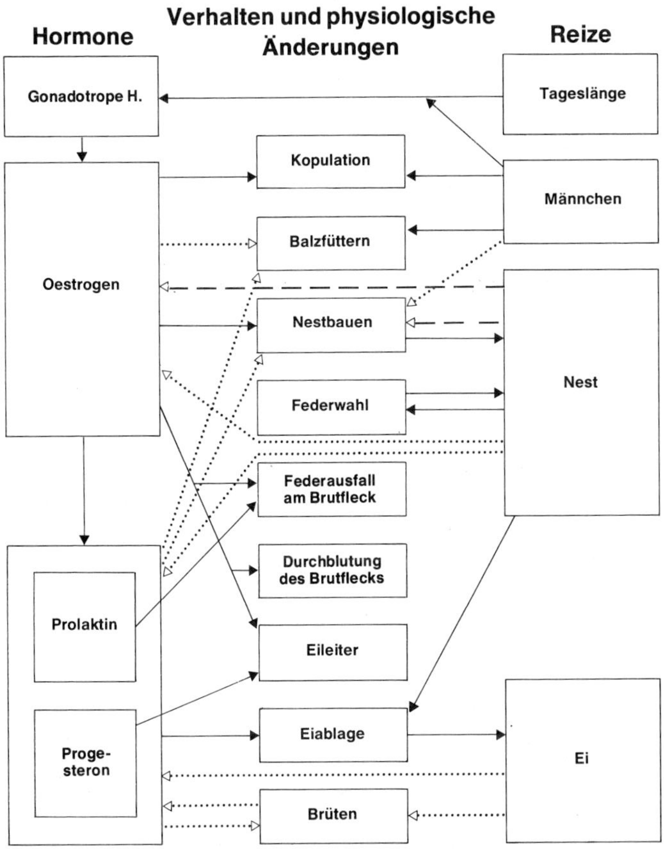

Abb. 12: Beziehungen zwischen Hormonen (innere Bedingungen) und Außenreizen auf das Verhalten bei der Fortpflanzung des Kanarienvogels. → fördernde Einflüsse, ----▸ hemmende Einflüsse; ·······▹ wahrscheinliche, aber noch nicht nachgewiesene fördernde Einflüsse. Die Tageslänge, das Balzverhalten und der Gesang des Männchens aktivieren beim Weibchen die Bildung der gonadotropen Hormone. Durch sie wird die Östrogenbildung angeregt, worauf das Weibchen sich begatten läßt und ein Nest baut. Der Anblick des entstehenden Nestes löst indirekt die Bildung von Prolaktin und Progesteron aus. Das Prolaktin bewirkt die Bildung des Brutflecks an der Brust: Federn fallen aus, die freie Hautpartie wird schwammig und berührungsempfindlich. Das Progesteron fördert die Eireifung und die Eiablage.

Mäusen erhöht sich, wenn man ihnen das Hormon Progesteron einspritzt. Webervögel bauen bei geringem Antrieb zum Nestbauverhalten, der mit niedrigem Hormonspiegel gekoppelt ist, nur unorganisierte Halmgeflechte anstatt hochorganisierter Nester. Motivierend können auch zentralnervöse Erregungen sein. Sie lösen bei Fischen rhythmische Flossenbewegungen aus. Für das Balzverhalten von Guppys sind Außenreize maßgebend. Ein größeres Weibchen erhöht die Bereitschaft zu Balzhandlungen erheblich gegenüber kleineren Weibchen (Abb. 13).

Man bezeichnet solche kontinuierlich wirkenden Reize als **Sensibilisierungsreize.** Sie bestimmen den betreffenden Reaktionszustand des Tieres. Beim Guppymännchen ist z.B. die dauernde Anwesenheit des Weibchens der Sensibilisierungsreiz. Das sensibilisierte Reiz-Reaktions-Verhältnis besteht darin, daß zwischen der Stärke der motivierenden Faktoren und der zur Reaktion erforderlichen Reize eine umgekehrte Proportionalität besteht, um eine Reaktion gleicher Stärke auszulösen. Die sexuelle Bereitschaft eines Guppymännchens zu Balzhandlungen kann bei einem großen Weibchen (oder einer großen Attrappe) geringer sein als bei einem kleinen Weibchen (oder kleiner Weibchenattrappe), um dieselbe Reaktionsstärke einer Balzhandlung zu erreichen.

3. Der Instinkthandlung des Beutefangs beim Frosch und der Eirollbewegung der Graugans geht ein aktives Suchverhalten voraus. Der Frosch streift unruhig umher und orientiert sich nach bewegten Objekten, die Graugans bewegt den Hals in Richtung des Eies. Dieses Suchverhalten erhöht die Wahrscheinlichkeit, daß das Tier in eine Situation kommt, welche die dem Antriebsbereich zugeordnete Instinktbewegung auslöst. Man bezeichnet diese Art des Suchverhaltens, das einer Instinkthandlung vorausgeht, als **Appetenzverhalten**. Es besteht beim Nahrungs- und Fortpflanzungsver-

Abb. 13: Balzverhalten eines Guppymännchens. 1. Nachfolgereaktion, 2. schwache s-förmige Körperkrümmung mit angelegten Flossen, 3. starke s-förmige Körperkrümmung mit gespreizten Flossen. Diese drei Reaktionen können durch Weibchen verschiedener Größe ausgelöst werden (Ordinate). Das Färbungsmuster eines Männchens gibt Auskunft über die sexuelle Antriebsstärke. Muster A = geringste Antriebsstärke, Muster F = höchste Antriebsstärke (Abszisse). Aus dem Diagramm ist die Beziehung zwischen der Stärke des Antriebs, der Stärke des auslösenden Reizes und den drei Stufen des Balzverhaltens abzulesen. Ein zwei Zentimenter großes Weibchen löst bei hoher Antriebsstärke nur die Nachfolgereaktion aus, entsprechend löst ein mehr als vier Zentimeter großes Weibchen bei geringstem Antrieb die starke s-förmige Körperkrümmung aus. ▷

halten in einer spontan einsetzenden ungerichteten Suche nach einem handlungsauslösenden Objekt und in der gezielten Annäherung an dieses. Das Appetenzverhalten ist sehr variabel und kann aus verschiedenen Verhaltenselementen wie Taxien, Instinktbewegungen und erlernten Handlungen zusammengesetzt sein.

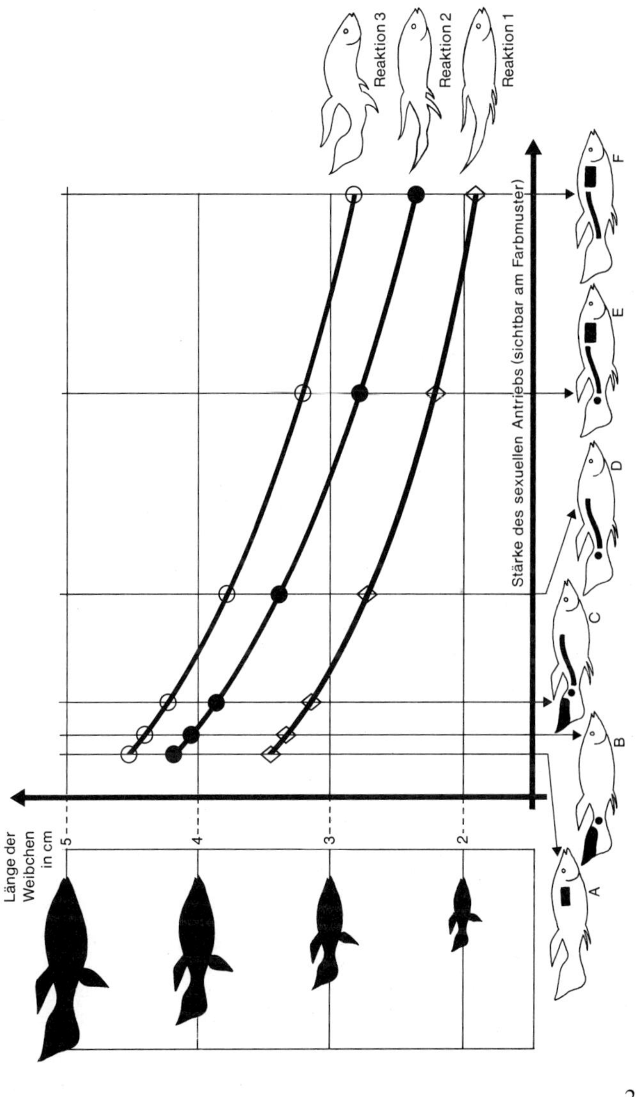

Wenn ein Vogel einen Nistplatz sucht, wirken hierbei als Appetenzglieder die durch Erfahrung erworbene Ortskenntnis, Orientierungsreaktionen und die Instinktbewegungen des Fliegens. Der Ablauf des Appetenzverhaltens vermindert nicht die Handlungsbereitschaft für die betreffende nachfolgende Instinkthandlung.

4. Zur Auslösung des Fangschlages beim Frosch muß das Beuteobjekt eine bestimmte Größe, einen deutlichen Abhebungsgrad vom Hintergrund sowie Bewegung aufweisen. Zur Auslösung der Eirollbewegung bei der Graugans sind die Merkmale: bestimmte Größe, glatter Umriß und ein bestimmter Härtegrad maßgebend. Die Kombination dieser drei Reizgrößen löst die Instinkthandlung aus. Man bezeichnet eine solche Reizkombination als **Schlüsselreiz**. Er ist ein **Signalreiz**, der angeborene Verhaltensweisen auslösen kann. Schlüsselreize, die von einem Sozialpartner ausgehen, heißen **Auslöser**. Im Unterschied zum Schlüsselreiz besteht die Aufgabe des Auslösers darin, bei einem anderen Artgenossen eine Antwort auszulösen. Ein Auslöser dient zum **wechselseitigen In-**

Abb. 14: Akustische Auslösung der Betreuungsreaktion beim Huhn. a) Das Küken reagiert mit dem »Weinen des Verlassenseins« unter einer schalldichten Glasglocke. Die Henne kümmert sich nicht darum. b) Die Henne hört nur den Angstruf des Kükens und zeigt das entsprechende Verhalten.

formationsaustausch. Im Schlüsselreiz und im Auslöser sind nicht die gesamten Reizqualitäten eines handlungsauslösenden Objekts wie Form, Farbe, Geruch, Kontur, Bewegung, Größe u.a. kombiniert, sondern nur eine Auswahl davon. Die Reizkombination in Schlüsselreiz und Auslöser ist so beschaffen, daß sie als auslösender Reiz für das Tier unverwechselbar ist. Die auslösenden Reize für Instinkthandlungen stammen aus sämtlichen Sinnesgebieten.

Eine Pute erkennt ihre Jungen an einem charakteristischen Piepen *nur mit dem Gehör* und verteidigt sie gegen alle felltragenden Bodenfeinde (Iltis, Marder, Ratte), die sie am Signal »pelzig« erkennt. Ein ähnliches Signal besitzen aber auch die Jungen mit ihrem Daunenkleid. Nur hemmen diese die Angriffe durch ihr Piepen. Die Pute verteidigt und hudert daher auch einen ausgestopften Iltis, wenn mittels Tonband im Inneren des Präparates der Kontaktruf der Jungen hörbar wird, sie tötet aber ihre eigenen Jungen, wenn sie selbst taub ist oder das Piepen der Jungen fehlt.

Junge Singvogelnestlinge sperren durch senkrechtes Halsstrek-

Abb. 15: Das »Sperren« der Jungvögel wirkt auf den Altvogel als Schlüsselreiz für das Füttern.

ken und Aufreißen des Schnabels, wenn das Nest von Hand erschüttert wird. Dies ist der gleiche Reiz, der beim Aufsetzen der fütternden Altvögel am Nestrand entsteht (Abb. 15).

Viele Singvogeljunge haben gelbe Schnabelwülste, die bei der Sperreaktion wie ein gelbumrandetes Viereck aussehen. Nur dieses Merkmal wirkt als auslösender Reiz für die Fütterungsreaktion der Eltern (»Futter in gelbumrandetes Viereck stecken«). Ein junger Kuckuck, der von einer Mönchsgrasmücke erbrütet wurde und alle Jungen der Grasmücke aus dem Nest geworfen hat, wird nur deshalb gefüttert und großgezogen, weil er das gleiche auslösende Schnabelmerkmal hat wie die sperrenden Grasmücken.

Der Freßakt einer Seidenspinnerraupe wird durch chemische Stoffe ausgelöst. Terpene der Futterpflanze locken das Tier an, Sterine lösen das Beißen aus und Polysaccharide bedingen den Schluckakt. Die Raupe zeigt die gleichen Reaktionen, wenn man ihr Fließpapier vorlegt, das mit den gleichen chemischen Komponenten getränkt ist.

Schlüsselreize sind auch im Verhalten des Menschen nachgewiesen. Das feinschlägige frequente Krabbeln, wie es z.B. Insekten an der Hand erzeugen, löst eine spontane Abschüttelbewegung der Hand, bzw. des Armes aus. Die gleiche Bewegungskoordination ist auch von Affen bekannt. Sandkörner erzeugen beim Zubeißen ein hochfrequentes Geräusch. Dies löst automatisch erhöhten Speichelfluß und eine Kontraktion der Kaumuskulatur aus. Die gleiche Reaktion beobachtet man auch beim Knirschen von Tafelkreide. Auslöser und Schlüsselreize beim Menschen, die vorwiegend sozialem Kontakt dienen, werden auf der Seite 113 beschrieben.

5. Die Auslösung einer Instinktbewegung durch einen Schlüsselreiz erfordert eine in Sinnesorganen und Gehirn liegende nervöse Instanz, die aus der Vielzahl von Reizen die Reizkombination des Schlüsselreizes ausfiltert und zur Wirkung kommen läßt. Man nennt dieses in der Stammesgeschichte entstandene analysierende System den **angeborenen auslösenden Mechanismus AAM**. Früher wurde diese Instanz als angeborenes auslösendes Schema bezeichnet. Der Auswahlprozeß, durch den schließlich die dem Schlüsselreiz zugeordneten Erregungen ausgefiltert werden, ist nicht an eine streng lokalisierbare Instanz gebunden. Der Auswahlprozeß findet auf allen sensorischen Ebenen zwischen Sinnesorgan und Zentralnervensystem statt. Durch Abtastung des Gehirns mittels Mikroelektroden konnten bei Kröten Neuronen nachgewiesen werden, die ausschließlich auf den Schlüsselreiz »Wurm« (horizontale Längsstreckung und Bewegung) mit selektiver Aktivität ansprachen.

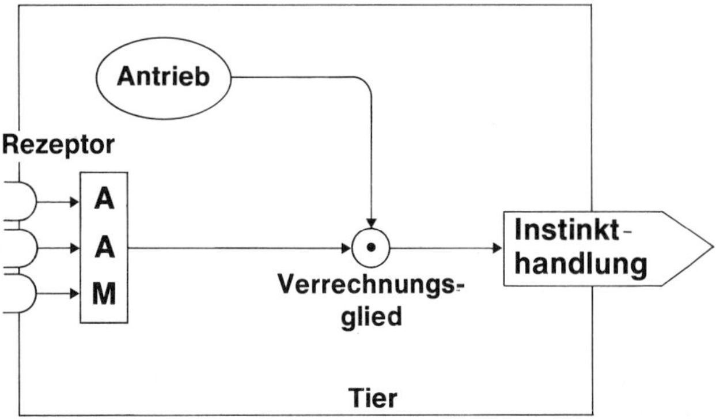

Abb. 16: Funktionsschaltbild für das Instinktverhalten, das durch einen Schlüsselreiz ausgelöst wird. AAM = Instanz, die aus der Gesamterregung eines Sinnesorgans nur das dem Schlüsselreiz entsprechende Erregungsmuster herausfiltert. ○ = Verrechnungsglied (Verrechnungsinstanz): Es gibt nur Erregungen an die für eine Instinkthandlung verantwortlichen Effektoren weiter, wenn gleichzeitig von AAM und Antrieb Erregungen einlaufen. AAM und Verrechnungsglied sind bisher nicht histologisch lokalisiert worden.

6. Die natürlichen Schlüsselreize kann man durch **Attrappen** ersetzen. Sie lösen die gleichen Instinkthandlungen aus wie natürliche Schlüsselreize. Bei solchen Attrappenversuchen zeigt es sich, daß die Änderung eines Reizmerkmals der im Schlüsselreiz vorliegenden Reizkombination die Reaktionsstärke der Instinkthandlung erhöht (übernormale, **supranaturale Attrappen**). Ein Frosch reagiert auf bewegte farbige Papierschnitzel heftiger als auf Fliegen und zieht die Attrappe dem natürlichen Beuteobjekt vor. Einem Austernfischer, dem man ein übernormal großes Ei neben seinem normalen Gelege anbietet, zieht dieses Ei seinem eigenen Gelege vor, obwohl er das Ei wegen seiner Größe nicht bebrüten kann (Abb. 17). Dies bedeutet, daß der Reizwert von Einzelmerkmalen nicht konstant ist, sondern bei Änderung eines Merkmals ansteigt. Die Änderung des Reizwertes der Einzelmerkmale ist unabhängig voneinander. Der AAM läßt der Bewertung von Einzelmerkmalen einen gewissen Spielraum zur Auslösung der entsprechenden Handlungen.

7. Einzelreize, die in einem Schlüsselreiz kombiniert sind, wirken auch isoliert reaktionsauslösend, aber schwächer als die Summe der im Schlüsselreiz kombinierten Einzelreize. Der Schlüsselreiz ist eine **Reizsumme** aus den ihn zusammensetzenden Ein-

zelreizen. Dies bedeutet, daß die Abschwächung oder das Fehlen eines Merkmals in der Gesamtkombination des Schlüsselreizes durch stärkere Ausprägung eines anderen Merkmals wettgemacht werden kann. Der Schlüsselreiz ist demnach keine Gestalt (S. 16), die schon bei der Wahrnehmung aus der Summe vieler Einzelreizdaten als unverwechselbare Qualität auftritt.

Ein Beispiel für die Gültigkeit dieser **Reizsummenregel** ist das Verhalten einer Buntbarschart (Haplochromis burtonii). Die Tiere besitzen im Zeichnungsmuster des Kopfes einen senkrechten Strich und einen orangeroten Fleck über der Brustflosse. Beide Merkmale üben bei einem männlichen Fisch, der sein Revier abgegrenzt und besetzt hat, einen Einfluß auf das Aggressionsverhalten gegenüber männlichen Artgenossen und Jungtieren aus. Im Versuch wird zunächst der Durchschnittswert der Angriffe je Minute gegen Jungfische gemessen. Anschließend wird den Fischen eine Attrappe z.B. mit senkrechtem Kopfstrich 30 Sekunden lang vorgezeigt. Danach ändert sich die Bereitschaft des Tieres, Jungfische anzugreifen. Sie äußert sich in der Häufigkeit von Angriffen auf diese. Bei einer Attrappe mit senkrechtem Kopfstrich steigerte sich

Abb. 17: Supranaturale Attrappe. Ein Austernfischer bevorzugt zum Bebrüten eine übergroße Eiattrappe vor seinem eigenen Ei (vorn) und dem Ei einer Silbermöwe (links).

im Versuch die Bißrate eines Tieres gegen die Attrappe um 2,79 Bisse/Minute gegenüber dem Normalwert. Der orangerote Fleck allein verringerte die Bißrate um 1,77 Bisse/Minute. Eine Attrappe mit beiden Merkmalen ließ die Bißrate um 1,08 Angriffe/Minute ansteigen. Ein Schlüsselreiz kann demnach aus hemmend und erregend wirkenden Einzelreizen bestehen, die sich in ihrer Wirkung überlagern.

8. Bei mehrmaliger Auslösung der Instinkthandlung durch einen Schlüsselreiz oder Attrappe sinkt die Handlungsintensität auf Null ab, d.h. die Reizschwelle für die Auslösung der Reaktion steigt sehr stark an (**Adaptation**). Durch das Abreagieren des entsprechenden Verhaltens vermindert sich die Handlungsbereitschaft bzw. die Antriebsstärke. Junge Stichlinge reagieren auf eine Erschütterung des Wassers, z.B. durch Klopfen an der Aquarienwand mit einer kurzen ruckartigen Vorwärtsbewegung. Nach mehrmaliger Auslösung dieser Reaktion bleibt sie aus, ist aber nach einigen Sekunden wieder voll auslösbar. Man deutet dieses **Ermüden** einer Instinkthandlung durch die Annahme, daß für die Handlung ein **aktionsspezifisches Potential (ASP)** zentralnervöser Energie für die betreffende Reaktion zur Verfügung steht. Sie wird durch das Ablaufen der Handlung verbraucht. Erst nach Aufladung der aktionsspezifischen Energie, z.B. durch innere autonome erregungserzeugende Prozesse, kann die Handlung erneut ausgelöst werden.

Eine andere Deutung der Reizschwellenerhöhung für eine bestimmte Instinkthandlung gründet darauf, daß die Empfindlichkeitsänderung im Auslösemechanismus selbst liegt. Dabei ermüden diejenigen aufsteigenden (afferenten) Nervenbahnen, die zu den nervösen Zentren führen, welche die einlaufenden Erregungen der verschiedenen Reize zusammenfassen. Man nennt diese Art der Reizschwellenerhöhung **afferente Drosselung**. Die Instinkthandlung des Sperrens bei Singvogelnestlingen läßt sich akustisch durch einen Ton oder durch Erschütterung des Nestes auslösen. Nach wiederholter Auslösung der Sperreaktion mit einem Erschütterungsreiz bleibt die Reaktion aus. Sie ist ab sofort voll auslösbar, wenn man gleich danach einen akustischen Reiz gibt.

9. Die Stärke einer Instinktreaktion ist abhängig von der Intensität des auslösenden Reizes und der Antriebsstärke. Daraus folgt, daß die gleiche Reaktionsstärke einer Instinkthandlung von einem stark auslösenden Reiz und schwachem Antrieb oder von einem schwach auslösenden Reiz und einem starken Antrieb ausgelöst werden kann. Dies nennt man das **Prinzip der doppelten Quantifizierung** von Instinkthandlungen (Abb. 13, 18). Je stärker der Antrieb ist, desto unspezifischer kann der auslösende Reiz sein, um

eine Handlung auszulösen. Ein Samtfalter in hoher Balzstimmung, dem kein Weibchen begegnet, balzt zunächst fliegende Blätter, eine in der Luft sich bewegende Hand oder sogar den eigenen Schatten an. Man nennt solche Fehlleistungen **Ersatzbefriedigungen**. Sie treten bei hoher Antriebsstärke auf, wenn die entsprechende natürliche Auslösesituation fehlt. Daraus ist ein wichtiger Schluß zu ziehen: **Je stärker der Antrieb, desto besser setzen sich biologisch bedingte Verhaltenstendenzen durch**. Unter Verhaltenstendenz versteht man das durch einen Antrieb aktivierte Streben nach Ablauf eines bestimmten Verhaltens, aber nicht den Ablauf einer Instinkthandlung selbst.

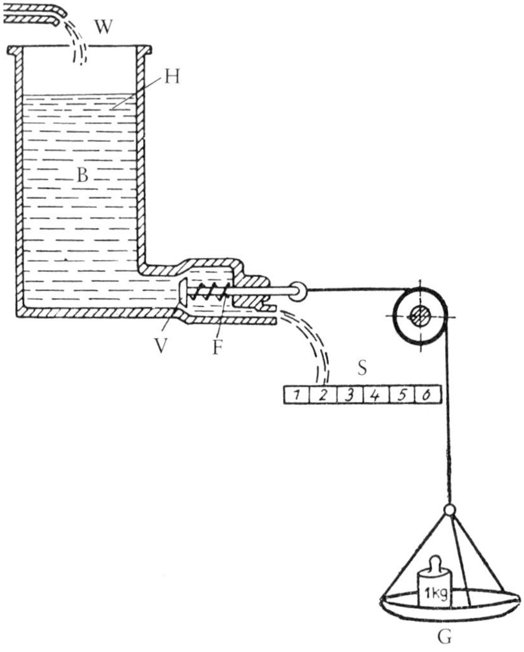

Abb. 18: Modelldarstellung der doppelten Quantifizierung. Motivierende Faktoren bedingen, daß Wasser W (= aktionsspezifische Energie) in den Behälter B (= Instinktzentrum) fließt. Ein Ventil V (= AAM) verhindert über eine Feder F (= Hemmung) den Abfluß. Das Ventil öffnet sich bei bestimmter Höhe des Wasserstandes H (= Antriebsstärke) und bestimmter Größe des Gewichtes G (= auslösender Reiz). Die Stärke der Reaktion kann an der Weite des ausfließenden Wasserstrahls an der Skala S abgelesen werden.

10. Viele Beobachtungen an Tieren haben ergeben, daß sich zwei aktivierte Antriebe nicht zugleich in Handlungen umsetzen und sich dabei überlagern. Die verschiedenen Antrieben zugeordneten Verhaltensweisen laufen stets zeitlich nacheinander ab. Der beutefangende Frosch, der bei der Fixierreaktion gestört wird, flieht sofort. In dieser Situation setzt sich nur der Antrieb zur Flucht durch und nicht derjenige zur Beutefanghandlung. Aus dieser Tatsache leitet man ab, daß sich die durch Antriebe aktivierten Verhaltenstendenzen *gegenseitig hemmen*, wobei der momentan am stärksten aktivierte Antrieb sich durchsetzt (**gegenseitige Hemmung von Verhaltenstendenzen** *bzw. Prinzip des Extremwertdurchlasses*). Diese Hemmwirkung beruht wahrscheinlich darauf, daß die nervösen Bahnen, auf denen die Signale zur Endhandlung übermittelt werden, sich im Sinne einer **lateralen Inhibition** gegenseitig hemmen (Abb. 19). Der nach Verrechnung stärkste Antrieb setzt sich durch. Die Antriebe des gehemmten Verhaltens werden durch diesen Vorgang nicht unterdrückt.

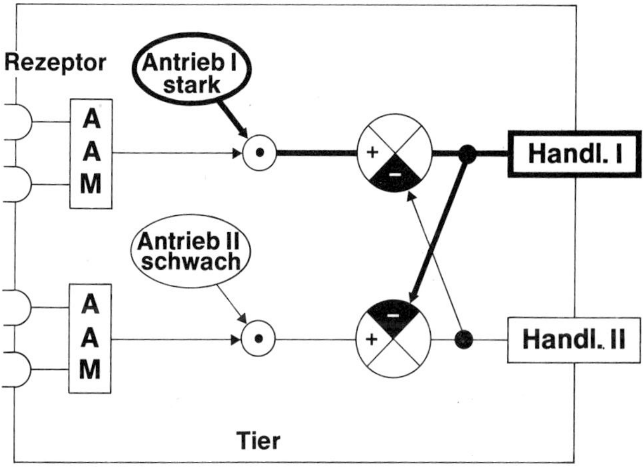

Abb. 19: Funktionsschaltbild der gegenseitigen Hemmung von Verhaltenstendenzen. Handlung I, die dem stärkeren Antrieb I zugeordnet ist, setzt sich gegenüber Handlung II durch.

Die Kombination von doppelter Quanitifizierung und gegenseitiger Hemmung von Verhaltenstendenzen macht aus dem Nebeneinander gleichzeitig aktivierter Verhaltenstendenzen ein zeitliches Nacheinander von Verhaltensweisen, da sich nur das jeweils am stärksten aktivierte Verhalten durchsetzt. Damit wird gewährleistet, daß sich Verhaltensweisen nicht mischen, und daß sie in der Weise sinnvoll nacheinander erfolgen, wie es für die biologische Situation des Tieres richtig ist.

Im allgemeinen Sprachgebrauch wird der Begriff **Instinkt** oft anstelle von Instinktverhalten verwendet. Dieser Begriff enthält die Vorstellung einer Instanz, die das Instinktverhalten leitet oder formt. Dieser umgangssprachliche Begriff Instinkt ist in diesem Sinne und im Rahmen der angeborenen Erbkoordination genauso etwas Irrationales wie im Bereich des bewußten Erlebens und Verhaltens der Begriff der Seele. Aus diesem Grund kann man »Instinkt« nicht definieren. Die bekannten Instinktdefinitionen beziehen sich daher nicht auf den Begriff Instinkt als rational nicht faßbares Prinzip, sondern auf die angeborene Steuerung von Bewegungen auf nervöser Grundlage, wie es die folgenden Beispiele für Instinktdefinitionen zeigen.

Ein Instinkt ist ein hierarchisch organisierter nervöser Mechanismus, der auf bestimmte vorwarnende, auslösende und richtende Impulse, sowohl innere als auch äußere, anspricht und sie mit wohlkoordinierten lebens- und arterhaltenden Bewegungen beantwortet (N. TINBERGEN).

Instinkt ist eine komplizierte Verhaltensweise auf unbedingt reflektorischer Grundlage (A. KÜHN).

Instinkt ist eine prägnante Bewegungsfigur, die aufgrund eines angeborenen Automatismus abläuft, und die von inneren endogenen Reizerzeugungsprozessen abhängig ist (A. GEHLEN).

Instinkt ist ein angeborener Verhaltensmechanismus, der sich in koordinierten Bewegungsabläufen, den sogenannten Erbkoordinationen, äußert, und der durch bestimmte Reize über einen Auslösemechanismus (AM) in Gang gesetzt werden kann (K. IMMELMANN).

3.4.2 Instinktkette und Zentrenhierarchie beim Instinktverhalten

Sehr deutlich treten die vorgehend beschriebenen Prinzipien von doppelter Quantifizierung und gegenseitiger Hemmung von Verhaltenstendenzen als Systeme der Verhaltensorganisation bei Instinktabläufen auf, die aus einer sinnvollen Aufeinanderfolge von Einzelhandlungen (instinktive Handlungskette) bestehen. Ein Beispiel dafür ist das Fortpflanzungsverhalten der Stichlinge. Dieses besteht aus folgenden Phasen:

Frühjahrswanderung: Von August bis März leben die männlichen Stichlinge in Schwärmen im tieferen Wasser. Mit der Erwärmung des Wassers im Frühjahr sondern sich die Männchen einzeln aus dem Schwarm ab, wandern in flachere Wasserschichten ein und legen unter hormonalem Einfluß (innere Bedingungen) ein Hochzeitskleid an. Der Rücken schimmert grünlich, Brust und ein Teil des Bauches färben sich rot und die Augen werden azurblau. Diese Veränderungen sind Anzeichen einer Aktivierung des Antriebs für das Fortpflanzungsverhalten.

Reviergründung: Das Männchen sucht einen Lebensraum auf, der mit Wasserpflanzen bestanden ist, optimale Wasserwärme und einen sandigen Untergrund aufweist. Durch Abschwimmen eines bestimmten Bereichs grenzt es einen Raumbezirk als Revier ab. Dieses wird durch Lernvorgänge und genaue Ortskenntnis festgelegt, und gegen männliche Artgenossen verteidigt.

Nestbau: Im Revier baut das Männchen sein Brutnest. Es hebt zunächst im sandigen Untergrund eine Nistgrube aus, indem es mehrmals senkrecht auf den Sandgrund zuschwimmt, mit dem Mund Sand aufnimmt, etwa 20 – 30 cm wegschwimmt und den Sand ausspuckt. In die Nistgrube werden Algen und Pflanzenteile als Niststoff eingetragen, zu einer Nistkugel geschichtet und mit einem Sekret aus der Nierenöffnung verklebt. Zum Abschluß der Nestbauhandlung bohrt das Tier einen Tunnel durch die Nistkugel. In diesen legen später die Weibchen ihre Eier ab.

Kampfverhalten: Stichlingsmännchen, die in das Revier eindringen, werden vom Revierinhaber angegriffen und vertrieben. Schlüsselreiz für dieses Verhalten ist die rote Unterseite des Rivalen. Sobald dieser sich dem Revier nähert, schwimmt der Revierinhaber auf ihn zu, stellt sich vor ihn kopfabwärts senkrecht nach unten und zeigt demonstrativ seine Breitseite mit dem rotgefärbten Bauch. Dieses Verhalten ist eine **Droh- oder Imponiergebärde**. Auf dieses Verhalten hin antwortet der Rivale mit dem gleichen Verhalten. Er wird, sofern er nicht nach dem Androhen das Revier verläßt, vom Revierinhaber heftig angegriffen und durch Bisse und Rammstöße zum Verlassen des Reviers gezwungen. Das gleiche Verhalten löst auch eine Attrappe mit ovalem Umriß und roter Unterseite aus.

Balzverhalten (Abb. 20): Das Verhalten des Männchens ändert sich beim Anblick eines ablaichbereiten Weibchens mit dick aufgetriebenem Bauch. Das Männchen umschwimmt das Weibchen mit Zu- und Abwendebewegungen. Diesen **Zickzacktanz** beantwortet das Weibchen mit einer Aufwärtsbewegung des Körpers, wobei es seinen dicken Bauch besonders auffällig darbietet. Auf diese **Demutsgebärde** hin schwimmt das Männchen zum Nest. Diese Bewegung ist Auslöser für das Weibchen, dem Männchen zu folgen. Auf

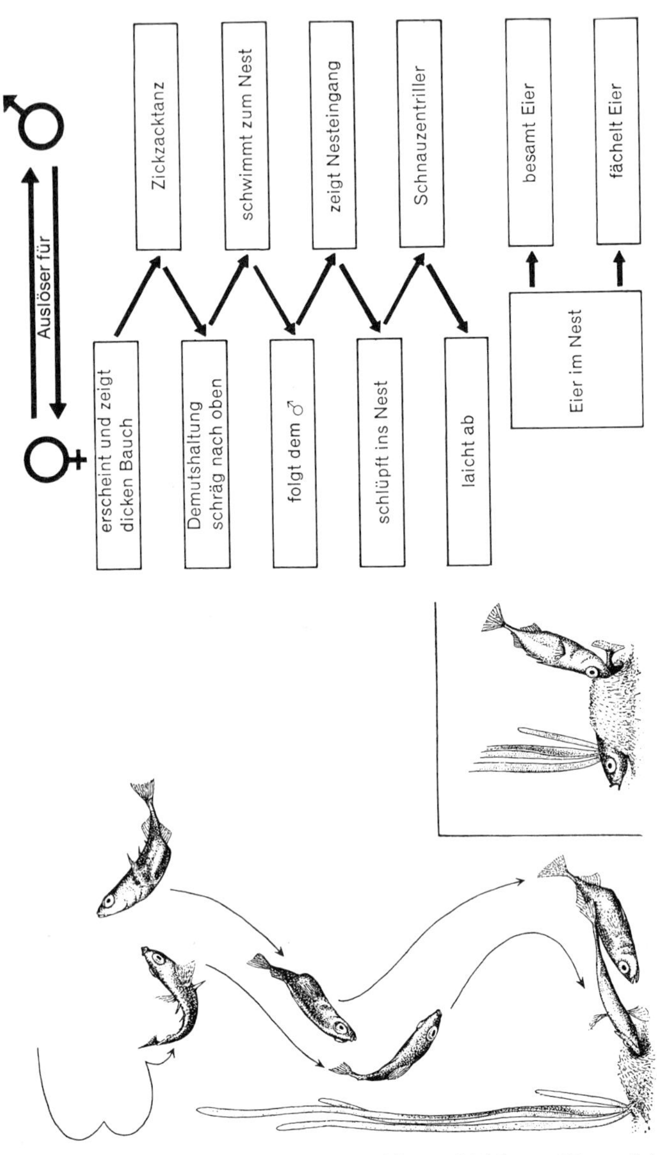

Abb. 20: Balzverhalten des dreistachligen Stichlings. Die aufeinanderfolgenden Instinktbewegungen von Männchen und Weibchen werden durch entsprechende Auslöser in Gang gesetzt.

diese Nachfolgereaktion hin steckt das Männchen auf der Seite liegend den Kopf ins Nest, darauf schlüpft das Weibchen ins Nest. Das Männchen stellt sich anschließend schräg hinter das Weibchen und trillert mit raschen Schnauzenschlägen (Schnauzentriller) auf die Schwanzwurzel des Weibchens. Jetzt erst laicht das Weibchen ab und verläßt das Nest. Das Männchen besamt die Eier und vertreibt das Weibchen aus dem Revier.

Jede einzelne Phase des Balzverhaltens läßt sich auch mit einer Männchenattrappe auslösen. Das Weibchen reagiert auf den Zickzacktanz der Attrappe mit der Demutsgebärde und folgt, wenn sich die Attrappe dem Nest nähert. Es schlüpft ins Nest, wenn man ihm mit der Attrappe den Nesteingang zeigt und laicht erst dann ab, wenn man durch rhytmisches Berühren der Schwanzwurzel den Schnauzentriller nachahmt. Dies ist gleichsam der ideale Ablauf des Balzverhaltens. In Abhängigkeit von der jeweiligen Triebstärke können auch einzelne Phasen übersprungen werden, jedoch nie die gesamte Handlungskette. Bei höchster Laichbereitschaft nimmt ein Weibchen schon bereits die Demutsstellung ein, wenn es das Männchen sieht, während das Männchen bei hohem Antrieb ohne vorhergehenden Zickzacktanz das Weibchen zum Nest führt.

Brutpflege: Unmittelbar nach der Besamung der Eier beginnt die Phase der Brutpflege. Das Männchen stellt sich schräg nach unten vor den Nesteingang und fächelt frisches sauerstoffreiches Wasser durch das Nest. Die Intensität des Fächelns steigert sich bis zum Schlüpfen der Jungen. Diese werden vom Männchen etwa zwei Wochen lang bewacht und machen sich anschließend selbständig.

Diesem Gesamtverhalten des Stichlings liegen handlungsauslösende nervöse Mechanismen zugrunde, welche die einzelnen Verhaltensschritte zu einem sinnvollen Ganzen ordnen. Man bezeichnet diese ordnenden Instanzen als **Integrations- bzw. Koordinationsmechanismen**. Die Integration der Einzelschritte erfolgt auf verschiedenen Stufen (Abb. 21 a, b). Ein Flossenstrahl wird von zwei antagonistisch wirkenden Muskeln bewegt, während die Schwingung der Gesamtflosse von einem höheren Integrationszentrum gesteuert wird, indem es die gesamten Strahlen einer Flosse zu einer geordneten einheitlichen Bewegung zusammenfaßt. Die Bewegung einer Flossen wird von einem noch höheren Zentrum mit den Bewegungen der anderen Flossen so kombiniert, daß daraus eine einheitliche Bewegung des gesamten Tieres resultiert. Nächsthöhere Zentren bestimmen und kontrollieren Verhaltensweisen wie z.B. Körperhaltung, bestimmte Fortbewegungsweisen u.a. Die höchste Stufe bilden die Antriebszentren, welche ganze **Funktionskreise** (Balz, Revieraggression, Brutpflegeverhalten)

a

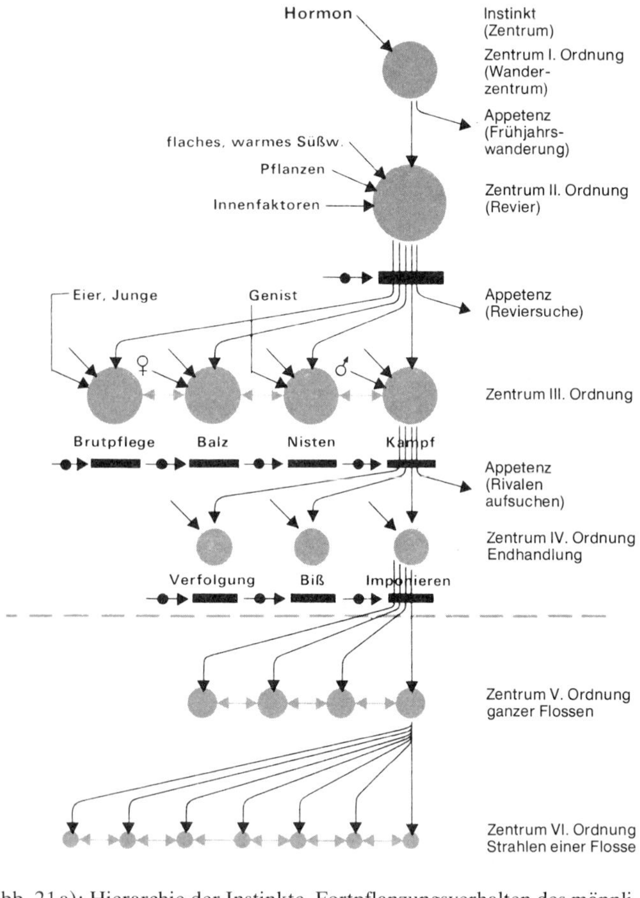

Abb. 21 a): Hierarchie der Instinkte. Fortpflanzungsverhalten des männlichen Stichlings. a) Modell nach Tinbergen. Das Zentrum I. Ordnung ist durch keine Instanz blockiert. Es wird durch Hormone aktiviert und erregt das Zentrum II. Ordnung. Dessen Erregungsabfluß ist blockiert, kann aber durch einen Schlüsselreiz über einen AAM entblockt werden. Dies führt zur Aktivierung eines Zentrums III. Ordnung (z. B. für Kampfverhalten). Beim Eintreffen eines entsprechenden Schlüsselreizes wird dieses Zentrum über einen AAM entblockt. Nach dem gleichen Mechanismus werden weitere untergeordnete Zentren aktiviert und entblockt bis schließlich die Steuerung der Muskelkoordination zu den entsprechenden Instinktbewegungen führt.
Schlüsselreiz → AAM —●▶ Block ▬
↔ Gegenseitige Hemmung der Instinktzentren.

bestimmen. Dabei kommt es zu Überschneidungen bei der Kontrolle der niederen Zentren durch höhere. So kann z.B. eine Flossenbewegung verschiedenen Zentren (Fortbewegung und Fächeln) zugeordnet sein und kann überdies auch noch aus verschiedenen Antrieben stammen (z.B. Kampf und Brutpflege).

Dieser **hierarchische Aufbau** ist daher im Sinne eines gestuften Wirknetzes aufzufassen (Abb. 21, b).

b

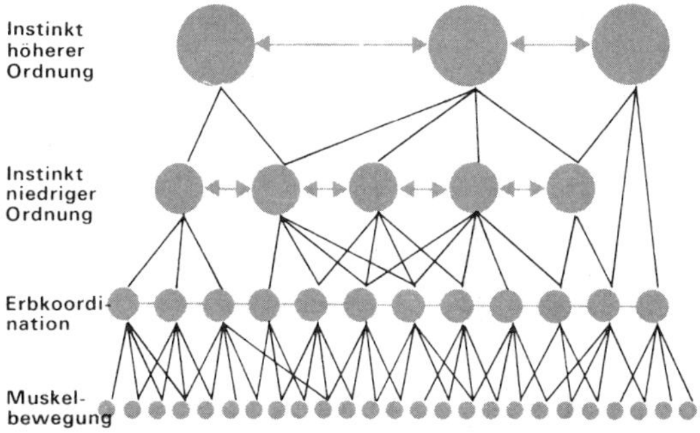

Abb. 21b): Modell nach G.P. Baerends. Dieses erweiterte Modell zeigt, daß gleiche Verhaltensweisen von verschiedenen Zentren mitaktiviert werden können. Die Doppelpfeile zwischen den Symbolen für die Instinktzentren bedeuten gegenseitige Hemmung der Zentren.

3.4.3 Experimentelle Untersuchungen des Instinktverhaltens durch elektrische Stammhirnreizung

Viele der bisher betrachteten Gesetzmäßigkeiten instinktiven Verhaltens – Summation von Einzelreizen, Schwellenerhöhung, hierarchische Ordnung der Antriebe – wurden experimentell durch die Methode der **elektrischen Hirnreizung** nachgewiesen. Diese Methode wurde von Hess (1924) an Katzen entwickelt und von anderen Forschern an Ratten, Vögeln, Huftieren und Affen sowie an Insekten überprüft. Einblick in diese Methode geben die **Stammhirnreizversuche** von v. Holsts an Hühnern. Bei diesen Tieren ist ein Großteil des Verhaltensinventars durch jahrelange Beobachtungen sehr gut bekannt, so daß die elektrophysiologisch ausgelösten Reaktionen unmittelbar verglichen und interpretiert werden können. Den Tieren wurde in Narkose ein Stückchen Schädeldecke entfernt und durch einen hohlen Plastiksockel mit Deckel ersetzt (Abb. 22, 23). Der Sockel dient als Elektrodenhalter. Vor dem Versuch werden in den Elektrodenhalter Elektroden eingeführt, die mit einer Schubmechanik versehen sind. Die Versuchstiere bewegen sich auf einem Tisch, ohne von den dünnen stromzuleitenden Drähten behindert zu werden. Durch geringfügige Verschiebung der Elektroden im Stammhirn und elektrische Reize von 0,2 bis 3 Volt lassen sich nahezu alle bekannten Bewegungen und Laute der Hühner aktivieren. Von den zahlreichen Versuchen sind hier diejenigen ausgewählt, durch welche sich die schon erwähnten Gesetzmäßigkeiten beim Instinktverhalten sehr eindrucksvoll nachweisen ließen.

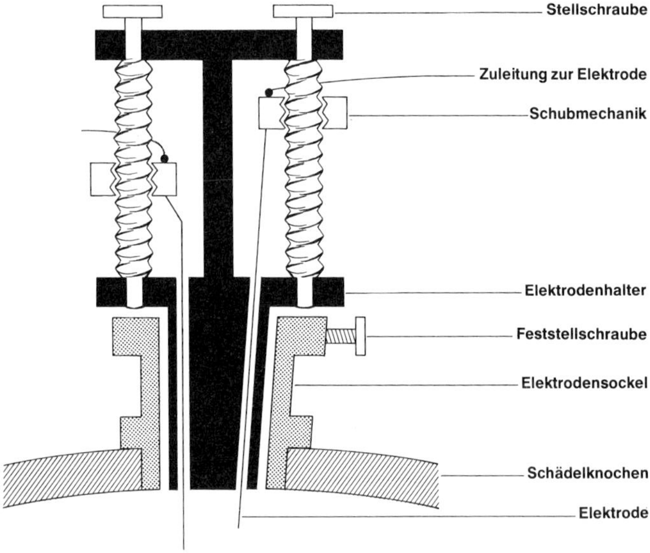

Abb. 22: Reizelektrode zur Stammhirnreizung.

Beim elektrisch ausgelösten **Feindverhalten** (Abb. 24) gackert das Huhn bei niedriger Reizspannung aufmerksam und läuft unruhig umher. Dies entspricht dem Appetenzverhalten eines freilebenden Tieres. Bietet man dem Huhn einen ausgestopften Iltis als Bodenfeind und steigert gleichzeitig die Reizspannung, dann wird der Iltis zunächst angedroht und bei weiterer gesteigerter Reizspannung schließlich angegriffen. Beim Abschalten der Reizspannung bleibt das Huhn vor dem Iltis in Drohhaltung stehen. Reizt man mit erhöhter Spannung weiter, dann wird der Iltis wütend angegriffen oder das Huhn ergreift schreiend die Flucht, wenn der Il-

Abb. 23: Stammhirnreizversuche bei Hühnern. Hahn mit eingepflanztem Elektrodenhalter.

tis dem Angriff widersteht. Die durch ansteigende Reizspannung nacheinander ausgelösten Reaktionen entsprechen dem natürlichen Verhalten eines Huhns gegen Bodenfeinde: Aufmerken – Unruhigwerden – Androhen des Feindes – Angriff und schließlich Flucht, wenn der Feind nicht flieht.

Ein anderes Verhalten, das reine Gackern, ist von zwei örtlich getrennten Reizpunkten im Gehirn (R_1 und R_2) auslösbar. Bei mittelstarker Reizung einer der beiden Reizpunkte gackert das Huhn mäßig intensiv. Bei gleichzeitiger Reizung des anderen Reizpunktes mit der gleichen Reizstärke verstärkt sich das Gackern. Die Erregung beider Reizfelder müssen demnach an einer bestimmten Stelle des Zentralnervensystems zusammenfließen und sich addieren (Abb. 25 a). Bei wiederholter Reizung des Reizpunktes R_1 hört das Gackern auf (Adaptation). Es kann aber durch Reizung des Reizpunktes R_2 wieder voll intensiv ausgelöst werden. Dies bedeutet, daß eine leitende Struktur ermüdet war und nicht das motorische Zentrum für das Gackern (S. 41).

Der Fluchtdrang kann von zwei Reizpunkten (R I und R II) aktiviert werden. Er äußert sich bei geringer Reizstärke im Gackern, bei mittlerer Reizstärke im unruhigen Umhergehen und bei starker Reizung im Wegfliegen. Das Huhn verhält sich bei diesen Reizsituationen genauso, als ob es von einem Bodenfeind erschreckt würde. Das aufeinanderfolgende Auftreten der einzelnen Verhal-

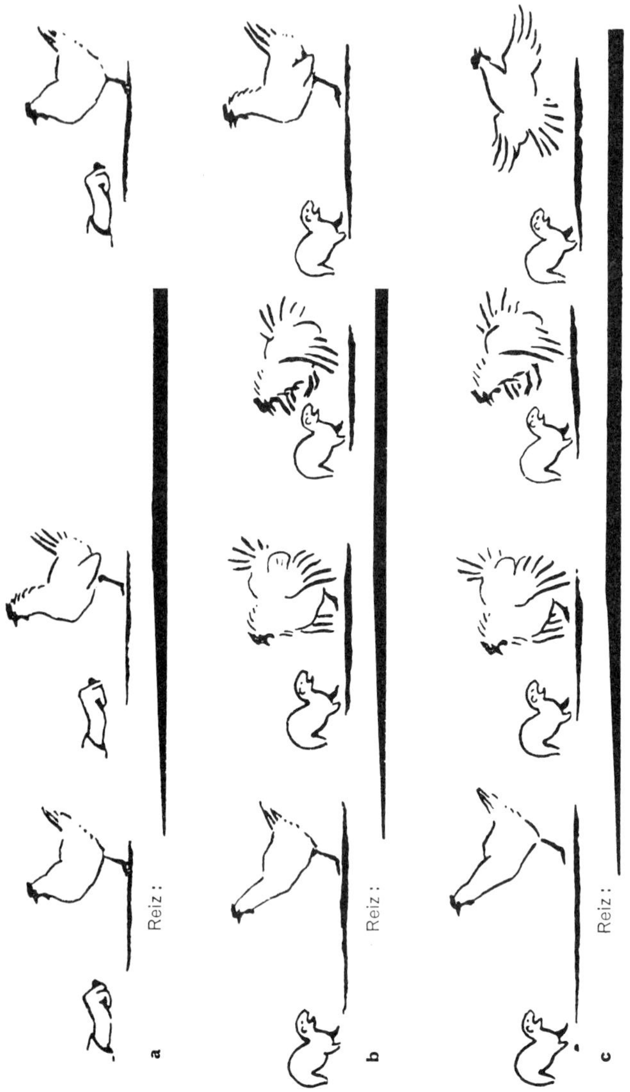

Abb. 24: Feindverhalten des Huhns bei Stammhirnreizung durch eine Gehirnelektrode. a) Bei steigender Reizintensität wird eine Faust leicht angedroht. b) Ein ausgestopfter Iltis (Bodenfeind) wird bei steigender Reizspannung wütend angegriffen. Nach Abschaltung des Reizstromes wird nur leicht gedroht. c) Bei anhaltender Reizspannung flieht das Huhn, wenn der Iltis nicht entfernt wird.

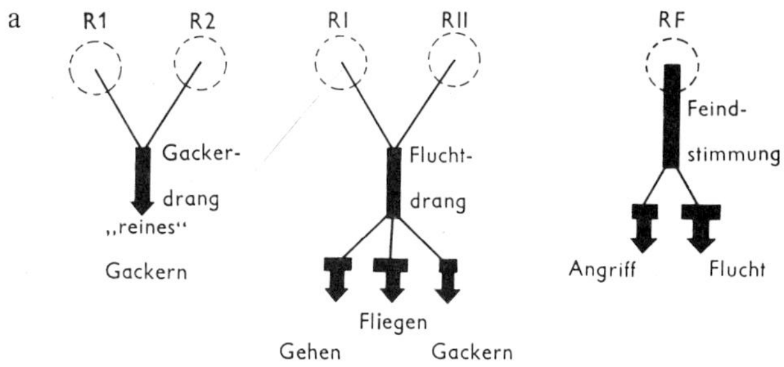

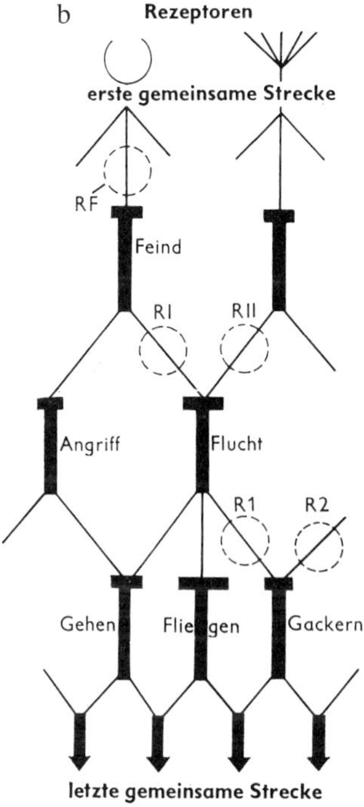

Abb. 25: Wirkungsgefüge der angeborenen Antriebe beim Huhn. a) Die im Text beschriebenen Verhaltensweisen, die durch Reizpunkte (R) aktiviert werden können. b) Schaltplan der unter a) aufgeführten Verhaltensweisen. Das jeweils von verschiedenen Reizorten auslösbare gleiche Verhalten kann man so deuten, daß es von mehreren Antrieben her aktiviert wurde. Das Gehen kann z.B. Teil des aktivierten Fluchtdranges, des Freßdranges, des Angriffsdranges, des Schlafdranges u.a. sein. Die Länge der Querbalken an den Symbolen für Instinktzentren (Längsbalken) entsprechen der Höhe der Auslöseschwelle für das betreffende Verhalten. Erste gemeinsame Strecke bedeutet, daß die Erregung verschiedener Rezeptoren das gleiche Verhalten (z.B. Flucht) auslöst. Letzte gemeinsame Strecke heißt, daß die durch Erregung verschiedener Rezeptoren ausgelösten Verhaltensweisen die gleichen Muskelgruppen in Tätigkeit versetzen.

tenselemente – Gackern – Umhergehen – Wegfliegen – kann man so interpretieren, daß bei aktiviertem Fluchtdrang die nacheinander folgenden Einzelhandlungen eine unterschiedlich hohe Auslöseschwelle besitzen. Bei wenig aktiviertem Fluchtdrang gackert das Huhn, ist er äußerst stark, dann fliegt es weg.

Bei Katzen wurde der hierarchische Aufbau von Verhaltenszentren durch MOLINAR und HUNSPERGER nachgewiesen. Die Forscher zeigten, daß Droh- und Fluchtverhalten durch elektrische Reize im Mandelkern des Vorderhirns, vom Hypothalamus des Zwischenhirns aus und im zentralen Höhlengrau des Mittelhirns ausgelöst werden kann. Anatomisch stehen diese Strukturen durch direkte nervöse Verbindungen in absteigender Reihe untereinander in Kontakt. Unterbricht man dieses absteigende System in verschiedenen Punkten, dann ist das entsprechende Verhalten nur noch an den Hirnteilen unterhalb der Unterbrechung auszulösen.

Die mit der Methode der Stammhirnreizung experimentell gefundenen Ergebnisse können in einem Beziehungsschema als **Wirkungsgefüge** dargestellt werden. Dieses läßt sowohl die hierarchische Struktur der Antriebe als auch ihre Wechselwirkung erkennen (Abb. 25 b). Zu ein und derselben Endhandlung können verschiedene Wege führen. Gackern kann als reines Gackern und als Teil des Fluchtdranges aktiviert sein. Unruhiges Umhergehen ist Teil von Angriff oder Flucht, und Flucht ist wieder Teil des Bodenfeindverhaltens. Die genannten Verhaltensweisen entsprechen drei verschiedenen Antriebsniveaus (**Integrationsstufen**).

3.4.4 Sonderformen instinktiven Verhaltens

Die bisherigen Betrachtungen zum Instinktverhalten vermitteln den Eindruck, daß Instinkthandlungen optimal auf ihre arterhaltende Funktion ausgerichtet sind. Es gibt aber auch Sonderformen angeborenen Verhaltens, die durch die Verhaltensorganisation bedingt sind.

Übersprunghandlung (deplazierte Handlung). Bei vielen Instinkthandlungen treten oft Instinktbewegungen auf, die nicht in die betreffende auslösende Situation passen und dem Bereich einer anderen Instinkthandlung entstammen. Man bezeichnet sie als **Übersprungbewegungen**. Diese sind dadurch gekennzeichnet, daß sie in ein Verhalten übergehen, in welchem sie ihrer ursprünglichen Funktion nach nicht hingehören. Da Übersprungbewegungen Bestandteile von Instinkthandlungen sind, wird der Begriff Übersprungbewegung und Übersprunghandlung synonym gebraucht.

Ein männlicher Stichling, der im eigenen Revier durch eine männliche Attrappe zur Flucht getrieben wird, flieht und versteckt sich hinter schützende Wasserpflanzen. Vor einem erneuten Angriff stellt sich das Tier senkrecht, beißt in den Sandgrund, nimmt Sand auf und trägt ihn weg. Dieses Verhalten entspricht dem des Nistgrubeaushebens beim Nestbau.

Kämpfende Austernfischer und Säbelschnäbler unterbrechen zeitweilig den Kampf und stecken plötzlich den Kopf in Schlafstellung in das Gefieder, während sie sich dabei gegenseitig beobachten (Abb. 26 a).

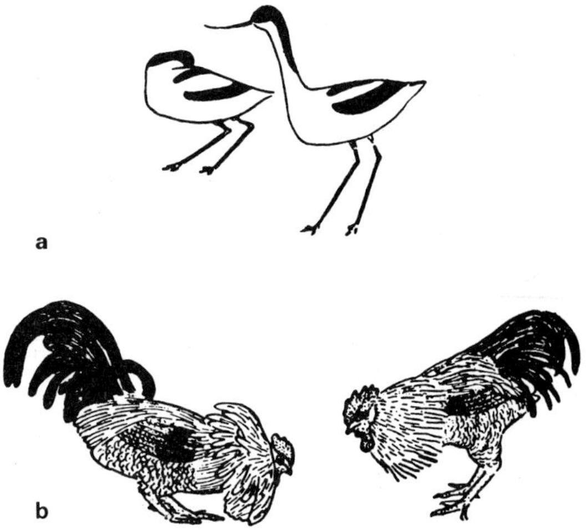

Abb. 26: Übersprunghandlung bei Vögeln. a) Säbelschnäbler stecken während des Kampfes den Schnabel in Schlafhaltung ins Gefieder. b) Scheinpicken der Hähne während einer Kampfpause.

Ein geschlechtlich stark erregtes Stichlingsmännchen fächelt während der Balz das Nest, wenn das Weibchen nach dem Zickzacktanz des Männchens diesem nicht zum Nest folgt.

Ein männlicher Stichling hebt eine Nistgrube aus, wenn ein ablaichbereites Weibchen ohne den Zickzacktanz des Männchens abzuwarten die Demutsstellung einnimmt.

Aktiviert man bei Stammhirnreizversuchen an Hühnern gleichzeitig Flucht- und Angriffsverhalten, dann läuft das Tier laut rufend mit gesträubtem Gefieder umher. Dieses Verhalten zeigt eine brütende Henne, wenn man sich ihrem Nest nähert.

Die Beispiele lassen erkennen, daß **Übersprunghandlungen** bei

Konfliktsituationen zwischen antagonistischen Antrieben (Kampf – Flucht, Fressen – Balz), bei **Lähmung einer Instinkthandlung** durch Ausbleiben des Schlüsselreizes, bei **vorzeitiger Beendigung** einer Instinkthandlung und bei **vorschneller Erreichung des Triebzieles** auftreten.

Übersprunghandlungen verlaufen meist unvollständig, entsprechen der Teilhandlung einer anderen Instinkthandlung, laufen formstarr ab, sind artspezifisch und es geht ihnen kein Appetenzverhalten voraus.

Auch beim Menschen sind Übersprunghandlungen nachweisbar. Man beobachtet sie häufig bei Rednern. Das Auftreten vor den Zuhörern aktiviert Fluchttendenzen, denen sich der Redner durch seine übernommene Aufgabe nicht entziehen kann. In dieser Situation treten Verlegenheitsgebärden auf, die aus dem Bereich der Körperpflege (Kratzen an Kinn oder Kopf, Reiben an der Nase oder an den Lippen), der Nahrungsaufnahme (Kauen am Bleistift, Ablecken der Lippen) sowie aus dem Fluchtverhalten (Festhalten am Tisch, Sichstützen auf einen Zeigestock, Gegeneinanderreiben beider Hände) stammen.

Zwei Deutungen werden zur Erklärung von Übersprunghandlungen diskutiert:

Zwei Verhaltenstendenzen, z.B. Angriff oder Flucht, sind *gleichstark aktiviert* und hemmen sich gegenseitig (Abb. 27 b). Damit entfällt ihre Hemmwirkung auf andere Verhaltenstendenzen, von denen sich die stärkste durchsetzt. Ist z.B. beim Stichling die Verhaltenstendenz von Angriff (A) und Flucht (F) gleichstark aktiviert, so hemmen sich F und A gegenseitig Damit fällt z.B. die Hemmwirkung von A auf das Grabezentrum, die von F auf das Fächelzentrum aus. Das von diesen Zentren am stärksten aktivierte löst dann die entsprechende Handlung des Nistgrubeaushebens oder des Fächelns am Nest aus.

Die zweite Deutung geht davon aus, daß beim Fehlen entsprechender Schlüsselreize das aktionsspezifische Potential für die zugehörige Handlung nicht abgebaut wird. Es springt daher auf die nervösen Bahnen einer anderen Instinkthandlung über und entlädt sich in einem Verhalten, das über diese Bahnen ausgelöst wird (Abb. 27 a).

Leerlaufhandlung: Zum Auslösen einer Instinkthandlung ist nach dem Prinzip der doppelten Quantifizierung eine bestimmte Intensität des Schlüsselreizes und Stärke des Antriebs notwendig. Bei sehr hoher Antriebsstärke sinkt die Reizschwelle zur Auslösung einer Instinkthandlung soweit ab, daß diese ohne auslösenden Reiz spontan, gleichsam im Leerlauf, abläuft.

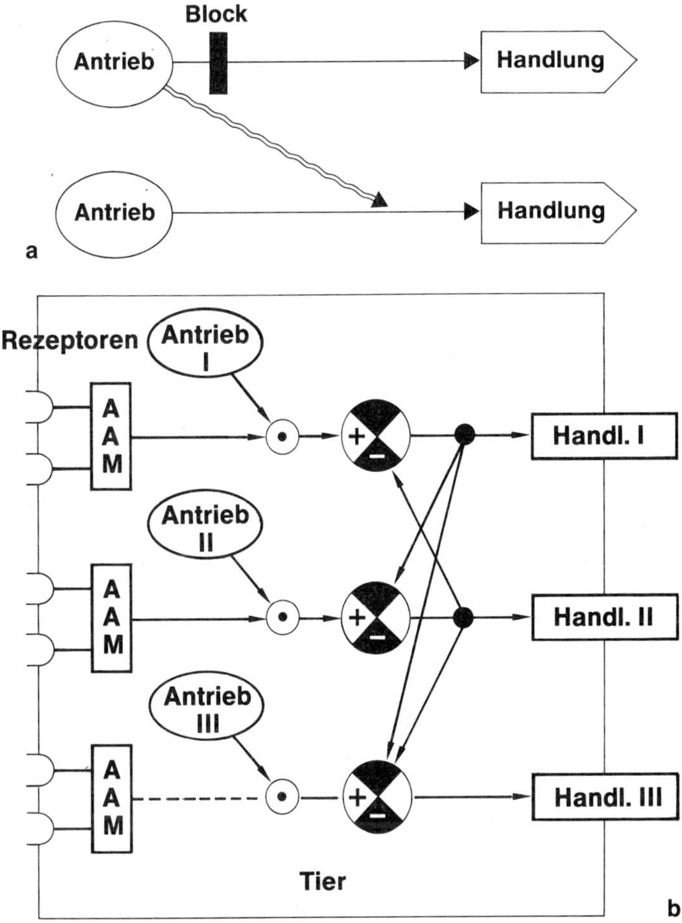

Abb. 27: Schema zur Deutung von Übersprunghandlungen. a) Übersprunghypothese: Reaktionsspezifische Energie springt auf die Bahn einer anderen Instinkthandlung über. b) Enthemmungshypothese: Eine Erregung, welche die Handlung III auslöst, wird durch Erregungen gehemmt, welche die Handlung I und II bestimmen. Desgleichen hemmen sich die Erregungen, die zur Handlung I und II führen, gegenseitig. Wenn die Antriebe I und II gleichstark aktiviert sind, wird sowohl die Erregung, die zur Handlung I als auch die Erregung, die zur Handlung II führt, gleichstark gehemmt. Dadurch entfällt die Hemmung auf die Weitergabe der Erregung, die zur Handlung III führt. Diese Handlung läuft – wenn der Antrieb III aktiviert ist – als Übersprunghandlung ab.

Ein von LORENZ aufgezogener Star zeigte längere Zeit keine Beutefanghandlung, weil er von Hand gefüttert wurde. Plötzlich fixierte er ein im Raum nicht vorhandenes Insekt, flog diesem nach, tat so als schnappe er es auf, versuchte es mit der für Stare typischen Tötungshandlung – Aufschlagen des Schnabels auf eine feste Unterlage – zu töten und ließ anschließend die typischen Freßbewegungen ablaufen.

Isoliert aufgezogene Hühnerküken verfallen spontan in wilde Panikfluchten. Bei diesen mutterlosen Küken steigt die Bereitschaft für spontanes Fluchtverhalten deshalb stark an, weil der Warnruf des Muttertieres ausbleibt.

Ein Schwan, der verspätet aus dem Süden zurückkehrte, landete auf einem Schneefeld in den Alpen, und zwar gerade zu der Zeit, als das Fortpflanzungsverhalten aktiviert war. Er begann, nichtvorhandene Grashalme abzurupfen, bzw. aufzuheben und türmte sie in typischer Nestbaumanier zu einem nichtentstehenden Nest auf.

Die Existenz von Leerlaufhandlungen läßt eine bedeutsame Schlußfolgerung zu: Instinkthandlungen besitzen **Spontaneität** und laufen *nicht* eines biologischen Zieles wegen ab. Die Reaktion ist nur darauf gerichtet, daß die für die Handlung bereitstehende **aktionsspezifische Energie** durch Ablaufen der Handlung verbraucht wird. In natürlichen Situationen erreicht das Tier mit dem Handlungsablauf durchaus sein biologisches Ziel. Aber es sucht nicht das zu seiner Arterhaltung notwendige biologische Ziel (Futter, Partner u.a.) selbst, sondern wird durch die vorprogrammierte Handlung dahin geführt.

Umorientierte Handlung. Durch eine spezifische Reizsituation wird das Verhalten aktiviert. Wenn bestimmte Bedingungen verhindern, daß die anlaufende Handlung auch auf den auslösenden Reiz bezogen werden kann, dann weicht das Tier auf ein weniger angemessenes Objekt aus und reagiert hier ein Verhalten ab **(Radfahrerreaktion)**.

Silbermöwen, die sich bei Grenzdisputen streiten, reagieren ihre Aggression durch plötzliches Ausrupfen von Grashalmen ab. Wird ein Rotfuchs durch einen Ranghöheren angedroht, dann beantwortet er das Verhalten des Ranghöheren durch Beißen eines rangniederen Tieres.

Auch das Übersprunggraben des Stichlings (S. 43) kann als umorientierte Handlung aufgefaßt werden. Das Zubeißen in den Sandboden ist ein aggressives Verhalten, das durch den Biß in den Sand nicht an einem Gegner, sondern an einem anderen Objekt abreagiert wird.

Auch beim Menschen kommen vergleichbare Reaktionen vor. Das zornige Aufspringen mit geballter Faust gegen einen Gegner ist als Angriffsdrohung zu werten. Das anschließende Auf-den-Tisch-Schlagen mit der Faust ist eine umorientierte Bewegung, weil der tatsächliche Angriff auf den Partner gehemmt ist und an einem anderen Objekt abreagiert wird.

Intentionsbewegungen. Unvollkommene, nur in Ansätzen sichtbare und nicht zu Ende geführte Instinktbewegungen heißen Intentionsbewegungen. Sie treten auf bei schwachem oder gehemmtem Antrieb, bei frühzeitiger Teilreifung und beim Eintritt in einen neuen Antriebsbereich. Das Abfliegen eines Vogels besteht aus zwei Phasen. Zuerst duckt er sich, zieht den Kopf ein und richtet den Schwanz auf. Dann streckt er sich und fliegt ab. Die erste Phase kann mehrmals hintereinander wiederholt werden, ohne daß der Vogel abfliegt. Man erkennt daran seine Intention zum Abfliegen.

Bei *frühzeitiger Teilreifung* werden von einem Tier einzelne Verhaltenselemente einer Verhaltensfolge schon zu einem so frühen Entwicklungszeitpunkt ausgeführt, daß sie ihre biologische Funktion noch nicht erfüllen können.

Jungvögel machen schon mit ungefiederten Flügelstummeln typische Abflugbewegungen, obwohl sie in diesem Alter noch keinen Sinn haben. Manche Vogeljungen, z.B. Schwalben und Enten, versuchen sich zu paaren, obwohl die Keimdrüsen noch nicht funktionsfähig entwickelt sind. Manche Jungvögel füttern, bevor sie sich selbst richtig ernähren können, jüngere bettelnde Nestgeschwister. Junge Schwalben, die gerade ausgeflogen sind, tragen bereits Nistmaterial ins Nest.

Beim *Eintritt in einen neuen Verhaltensbereich* werden in Ansätzen Instinktbewegungen ausgeführt, die erst zu einem späteren Zeitpunkt ihre biologischen Funktionen erfüllen. Graugänse legen beim Nestbau das Nistmaterial, das sie mit dem Schnabel aufnehmen, mit einer typischen Kopfbewegung über die Schulter zurück und lassen es fallen. Dieser arttypische Ablauf beginnt schon lange vor dem Nestbau ohne Nistmaterial und ohne Beziehung zum Nistort.

3.4.5 Reifung von Instinkthandlungen

Manche Verhaltensweisen (Fliegen, Schwimmen, Beuteverstekken u.a.) laufen in der arterhaltend gekonnten Weise erst auf einer bestimmten Entwicklungsstufe ab. Daß es sich dabei nicht um erlernte Verhaltensweisen (»Fliegenlernen«) handelt, sondern um angeborene, erblich fixierte Koordinationen, wurde an verschiedenen Tierarten überprüft.

Frisch geschlüpfte Kaulquappen wurden so lange unter Dauernarkose gehalten, bis die gleichaltrigen Kontrolltiere desselben Geleges gut schwimmen konnten. Nach Entfernen des Narkosemittels konnten die behandelten Tiere ebenfalls schwimmen. Junge Tauben wurden durch Aufzucht in engen Käfigen daran gehindert, Flugbewegungen auszuführen. Sie wurden erst freigelassen, als normal aufgezogene Nestgeschwister gut fliegen konnten. Sie flogen auch ohne Übung genauso gut wie diese. Solche Reifungsvorgänge haben nichts mit Lernen zu tun. Die erst allmähliche Vervollkommnung der entsprechenden Verhaltensweise hängt mit dem Entwicklungs- und Funktionszustand, der dem Verhalten zugeordneten nervösen und körperlichen Strukturen zusammen, und ist nicht abhängig von den Erfahrungen des Tieres.

Aufgaben zu Abschnitt 1–3

1. Wie verhält sich eine einseitig geblendete negativ fototaktisch reagierende Stabheuschrecke im diffusen Licht?
2. Wie läßt sich nachweisen, daß die fototaktische Reaktion aus zwei voneinander unabhängigen Reaktionen besteht? Welches sind diese Reaktionen?
3. Welcher Methoden bedient sich die Verhaltenslehre zur Aufdeckung angeborener Verhaltensweisen?
4. Deuten Sie aus den Flossenbewegungsdiagrammen der Abb. 5; 6 den Superpositionseffekt und den Magneteffekt.
5. Welche Folgerungen sind aus der Entdeckung zentralnervöser Automatismen zu ziehen?
6. Durch welche Merkmale und Faktoren ist eine optische Gestalt bestimmt?
7. Was ist eine Instinkthandlung und was ist eine Instinktbewegung?
8. Ein Schlüsselreiz besitzt keine Gestaltqualität. Begründen Sie dies.
9. Worin unterscheidet sich das Appetenzverhalten von einer Instinkthandlung?
10. Beschreiben Sie den Ablauf einer Instinkthandlung.
11. Für Instinkthandlungen gilt das Prinzip der doppelten Quantifizierung. Was versteht man darunter und welche Folgerungen können daraus gezogen werden?
12. Nennen Sie die wichtigsten Kennzeichen von Instinktbewe-

gungen, durch die sie von anderen Handlungen abgrenzbar sind.

13. Welche Prinzipien bedingen den geordneten Ablauf von Instinkthandlungen und wie wird verhindert, daß keine Überlagerung von gleichzeitig aktivierten Antrieben vorkommt?

14. Die Analyse von Übersprung- und Leerlaufhandlungen ist ein methodisches Hilfsmittel zur Aufdeckung von Erbkoordinationen. Begründen Sie diese Aussage.

15. Was ist ein angeborener auslösender Mechanismus (AAM)? Welche funktionellen Besonderheiten sind ihm zuzuordnen?

16. Unter welchen Bedingungen treten Übersprunghandlungen und Intentionsbewegungen auf?

17. Manche Instinktbewegungen sind bei ihrem ersten Auftreten sehr unvollkommen und werden erst im Laufe der Individualentwicklung vervollkommnet. Nennen Sie einige Beispiele und Argumente, die zeigen, daß es sich dabei um einen Reifungsvorgang und nicht um einen Lernvorgang handelt.

4. Erfahrungsbedingtes Verhalten (Lernen)

Lebewesen, die vorwiegend angeborenermaßen handeln, haben nur einen beschränkten Spielraum, sich den Gegebenheiten der Umwelt anzupassen, weil ihr Verhalten großteils in Reflexen und Instinkthandlungen vorprogrammiert ist. Lernen als Fähigkeit zur individuellen Anpassung an neue Situationen bedeutet daher eine Ausweitung des Handlungsspielraumes und damit einen Überlebensvorteil. Dies zeigt sich schon daran, daß bei vielen Tierarten in den Ablauf von Instinkthandlungen Lernvorgänge eingeschoben sind (**Instinkt-Dressurverschränkung**).

4.1. Analyse einer Lernhandlung

Eine nektarsammelnde Biene, die an blauen Blüten keinen Nektar fand, wurde beim anschließenden Besuch einer gelben Blüte mit Nektar belohnt. Sie bevorzugte daraufhin gelbe Blüten, d.h. diejenige Reizsituation, die in der Vergangenheit ihr Bedürfnis nach Nektaraufnahme befriedigte. Kennzeichnend für dieses Verhalten ist folgendes: In der geschilderten Situation hat die Biene ihr Verhalten geändert. Sie sucht nicht mehr an blauen, sondern an gelben Blüten Nektar und behält das neue Verhalten über längere Zeit bei. Die Vergangenheit wirkt in ihr nach und der ursprüngliche Reiz (blau) erfährt einen Bedeutungswandel (blaue Blüte = kein Nektar). **Eine Verhaltensänderung aufgrund von Erfahrungen bezeichnet man im weitesten Sinn des Wortes als Lernen.** Erlernt ist demnach ein Verhalten, wenn es im Laufe der Individualentwicklung durch Speicherung von erfahrungsbedingten Informationen im Nervensystem zustandekommt. Dem neuen, erlernten Verhalten entspricht ein Auslösemechanismus, den man als **erworbenen auslösenden Mechanismus (EAM)** bezeichnet.

4.2. Lernvoraussetzungen

Um lernen zu können, müssen folgende Voraussetzungen vorgegeben sein: Ein Lebewesen muß Reize wahrnehmen und somit die Strukturierung der Umwelt erkennen können. Die Änderung in der Verhaltenssteuerung setzt voraus, daß sich eine **Gedächtnisspur (Engramm)** der vorhergehenden Situation gebildet hat. Dieses Engramm muß als Information im Gedächtnis gespeichert werden, muß mit anderen Engrammen verknüpft, und das Ergebnis der Verknüpfung muß wiederum als Information abgerufen werden können. Ein Engramm ist wahrscheinlich ein bestimmtes **Schaltungsmuster** von Nervenzellen im Gehirn (also eine spezifische Verknüpfung zahlreicher Nervenzellen).

Um lernen zu können, muß das Lebewesen eine angeborene **Lerndisposition** (Fähigkeit zum Lernen) besitzen. Eine Biene vermag die Bedeutung von Farben durch einen Lernvorgang zu unterscheiden, ein schallisoliert aufgezogener Buchfink singt die arttypische Strophe eines erwachsenen Buchfinken nicht; er lernt aber die typische Strophe, wenn er sie von einem Artgenossen hört, unabhängig davon, welche Gesänge von Vögeln anderer Arten er noch gleichzeitig vernimmt.

Zum Lernen ist eine **Motivation** notwendig. Als primäre Motivation bezeichnet man Antriebe, die Grundbedürfnisse (Hunger, Durst, Auslösung einer Instinkthandlung u.a.) befriedigen. Sekundäre Motivationen sind Antriebe, die darauf abzielen, durch eigene Aktivität Bedürfnisse zu befriedigen, die – in weitestem Sinne des Wortes – erlernt sind. Ein Hund, der aus zwingenden Gründen in andere Hände gegeben wird, lief mehrere Kilometer zu seinem früheren Herrn zurück, weil die erlernte, ihm also vertraute Umgebung zu seinem sekundären Bedürfnis wurde, auf das sich seine Aktivität bezog.

Beim Lernen unterscheidet man **obligatorisches** und **fakultatives Lernen**. Obligatorisch ist ein Lernprozeß, wenn Verhaltenselemente erlernt werden müssen, damit sich die arterhaltende Funktion eines Verhaltens auswirken kann. Fakultativ sind alle Lernprozesse, die nicht lebensnotwendig sind, aber das lebens- und arterhaltende Verhalten eines Lebewesens erweitert. Eine Sandwespe, die ihre Brut in Erdnestern mit Nahrung versorgt, muß durch einen obligatorischen Lernvorgang die Nestumgebung kennenlernen, um ihre zu versorgenden Nester wieder zu finden. Obligatorisch ist für den Menschen das Erlernen einer Sprache, fakultativ welche er erlernt. Obligatorisch ist, daß Kinder ihre Eltern individuell von anderen Personen unterscheiden können. Obligatorisches Lernen ist oft durch **sensible Phasen** (S. 148) bestimmt, in welchen besonders schnell gelernt wird.

4.3. Lernen und Gedächtnis

Unter **Gedächtnis** versteht man die Fähigkeit, Informationen unwillkürlich oder durch Lernen eine bestimmte Zeit zu behalten.

Man hat berechnet, daß der Mensch durch Auge, Ohr und Haut etwa 10^9 bit je Sekunde aufnimmt, daß aber davon nur 10^2 bit/Sek. ins Bewußtsein gelangen. Ein noch geringerer Teil dieser ausgefilterten Information wird im Gedächtnis gespeichert. Beim Menschen ist das Gedächtnis an verschiedene Speicherinstanzen gebunden, die man als *Kurzspeicher* (**Kurzzeitgedächtnis**), *mittelfristigen Speicher* (**mittelfristiges Gedächtnis**) und *Langzeitspeicher* (**Langzeitgedächtnis**) bezeichnet. (Daneben sind auch die Bezeichnungen Ultrakurzzeitgedächtnis für Kurzzeitgedächtnis und Kurzzeitgedächtnis für mittelfristiges Gedächtnis gebräuchlich.) Im Kurzzeitgedächtnis werden pro Sekunde durchschnittlich etwa 16 bit an Information gespeichert. Diese Information entspricht einer Folge von 4–5 Buchstaben unseres Alphabets, da ein Buchstabe etwa 4–5 bit an Information enthält. Die im Kurzzeitgedächtnis gespeicherte Information bleibt im Gegensatz zum Langzeitgedächtnis nur für eine Zeitdauer von durchschnittlich 18 (10–25 sec) Sekunden (Gegenwartsdauer) voll bewußt. Man kann z.B. 10 Sekunden nach dem Erklingen des ersten Glockenschlags noch die ganze Reihe der folgenden Glockenschläge aus dem Gedächtnis nachzählen. Die minimale Speicherkapazität des Kurzzeitgedächtnisses beträgt demnach $10 \times 16 = 160$ bit. Von dieser Information gelangt etwa der zehnte Teil in das mittelfristige Gedächtnis, in welchem sie etwa 1 bis 24 Stunden gespeichert wird. Die pro Sekunde aufgenommene Informationsmenge beträgt 0,3–1 bit. Folgender Versuch gibt darüber Auskunft: Acht Silben mit je drei Buchstaben der Folge Konsonant – Vokal – Konsonant werden im Abstand von zwei Sekunden so lange wiederholt, bis die acht Silben gelernt sind. Der Lernerfolg tritt etwa nach acht Wiederholungen, also nach 128 Sekunden ein. Während dieser Zeit wurden $8 \times 3 \times 4{,}6 = 100$ bit aufgenommen. Die pro Sekunde aufgenommene Informationsmenge beträgt daher 0,77 bit. Von dieser Information wird wiederum etwa der zehnte Teil (0,03–0,1 bit/Sek.) in das Langzeitgedächtnis übernommen. Die Gesamtkapazität des ihm zugrunde liegenden Langzeitspeichers, d.h. die jederzeit gegenwärtige Information beträgt ungefähr 10^6 bit. Diesem Speicher wird vorübergehend etwa das Tausendfache an Information geliefert. Ungefähr das 3×10^4fache der Speicherkapazität wird bewußt wahrgenommen, und im Laufe des Lebens liefern die Sinnesorgane das 10^{12}fache der Speicherkapazität an Information.

Die verschiedenen Gedächtnisformen sind **Filterinstanzen**, die einlaufende Informationen entsprechend der Bedeutung für den Organismus ausfiltern und damit bewerten. Wenn z.B. für die im Kurzzeitgedächtnis (=Ultrakurzzeitgedächtnis) gespeicherte Information gegenwärtig keine Aufmerksamkeit besteht, oder wenn sie keine momentane Beziehungen zu bestehenden Gedankenverbindungen haben, werden sie ausgefiltert und gelöscht. Damit wird das Großhirn vor der Speicherung überflüssiger Informationen bewahrt.

Die Beziehung zwischen Kurzzeit- und Langzeitgedächtnis hat für Lernvorgänge beim Menschen folgende Konsequenzen: Da die Speicherkapazität des Kurzzeitgedächtnisses zeitlich begrenzt ist, ist es sinnvoll beim Lernen **Pausen** einzulegen, damit die im Kurzzeitgedächtnis gespeicherten Informationen, die noch nicht ins Langzeitgedächtnis übergegangen sind, von darauffolgenden Informationen nicht verdrängt werden.

Beim Übergang vom Kurzzeit- zum Langzeitgedächtnis wird die wahrgenommene Menge an Information fortlaufend vermindert. Eine **Wiederholung** wesentlicher und bedeutender Inhalte und Zusammenhänge festigt daher die Speicherung und damit ihre mögliche Vergegenwärtigung.

Das Abrufen der Information aus dem Gedächtnis geschieht durch Wiedererkennen (**erkennendes Reproduzieren**) und spontane Bewußtmachung (**freies Reproduzieren**). Beim Wiedererkennen wird der gespeicherte Gedächtnisinhalt mit einem gegenwärtigen Reiz zur Deckung gebracht. Daher ist Wiedererkennen leichter als freies Reproduzieren. Bei der freien Reproduktion müssen Lernstoffe intensiv eingeübt und das Reproduzieren selbst trainiert werden.

4.4 Untersuchungen zum Problem der Informationsspeicherung im Gedächtnis

Die Informationsspeicherung im Kurzzeitgedächtnis erfolgt wahrscheinlich auf andere Art als im Langzeitgedächtnis. Es wird angenommen, daß die Informationen im **Kurzzeitgedächtnis** in Form **kreisender elektrischer Ströme** bzw. Erregungen gespeichert werden, die in zusammengeschalteten Nervenzellen fließen. Im **Langzeitgedächtnis** vermutet man eine **chemisch-stoffliche Speicherung** von Informationen (in einer spezifischen Struktur von Peptiden). Hinweis für diese unterschiedliche Speicherungsform im Kurz- und Langzeitgedächtnis erhielt man aus Beobachtungen an Säugetieren und Menschen. Beim Menschen werden durch Schocks, Gehirnerschütterung und therapeutisch angewandte Elektroschocks Erinnerungen an Ereignisse unmittelbar vor diesen Einwirkungen gelöscht und können daher nicht mehr bewußt gemacht werden, während längere Zeit zurückliegende Ereignisse noch reproduzierbar sind. Ähnliche Ergebnisse erhielt man bei Versuchen an Ratten. Eine Ratte hatte gelernt, elektrischen Kontakten, die ihr elektrische Schläge versetzten, auszuweichen. Wenn man einem Tier 20 Sekunden nach der Ausweichreaktion das Gehirn leicht elektrisch reizte, erlosch die Erinnerung an das Gelernte. Nach einigen Minuten, wenn das Gelernte schon in das mittelfristige Gedächtnis übergegangen war, vermochte nur ein kräftiger Elektroschock das Gelernte auszulöschen. Nach einigen Stunden konnte das Gelernte auch nicht mehr durch einen Elektroschock gelöscht werden. Solche Erfahrungen waren Anlaß zu verschiedenen Hypothesen über die Art des Gedächtnisses. Es soll z. B. seine Grundlage haben in rückgekoppelten nervösen Erregungskreisen oder in der Speicherung von Information in einem RNS-Code oder in molekularer Speicherung in Form sogenannter **Gedächtnismoleküle** aus Proteinen.

Untersuchungen von UNGAR gaben Hinweise auf die mögliche Beteiligung eines Eiweißcodes an der Speicherung von Gedächtnisinhalten. Folgendes Experiment gibt darüber Aufschluß: Ratten, die angeborenermaßen ins Dunkle flüchten, wurden durch elektrische Schläge daran gehindert, in einen dunklen Kasten zu fliehen. Nach achttägiger Dressur mieden die Tiere die Dunkelheit. Durch einen Lernprozeß wurde in ihnen Dunkelfurcht (*Scotophobie*) erzeugt. Aus den Gehirnen von 4000 derart trainierter Ratten wurden Extrakte hergestellt und nichtdressierten Ratten eingespritzt. Sie lernten daraufhin schneller als nichtbehandelte Tiere Dunkelheit zu meiden. Die Extrakte wurden chemisch aufbereitet und jede Aufbereitungsstufe auf ihre Wirksamkeit im Verhaltenstest überprüft. Man erhielt schließlich einige Milligramm eines Peptids aus 15 Aminosäuren (*Scotophobin*). Es löste nach Einspritzung in undressierte Ratten ebenfalls Dunkelfurcht aus. Diese Ergebnisse sind umstritten, da sie von anderen Forschern nicht mit eindeutigem Erfolg nachvollzogen werden konnten. Man vermutet daher, daß Scotophobin kein Gedächtnismolekül im Sinne der Informationseinheit »Dunkelfurcht« ist, sondern Produkt und Indikator eines veränderten Stoffwechsels der am Lernvorgang beteiligten Neuronen.

4.5 Lernformen

Verhaltensänderungen, die für längere Zeit beständig sind, betrachtet man als das Ergebnis von Lernprozessen. Diese können durch verschiedene Möglichkeiten der Verknüpfung von auslösenden Reizen und der darauffolgenden Reaktionen als neues Verhalten stabilisiert werden. Diese **Reizreaktionsbeziehung** ist in seinen Grundzügen auch für das Lernverhalten des Menschen gültig.

4.5.1 Lernen durch Gewöhnung (Habituation)

Bei diesem einfachen Lernvorgang nimmt die Reaktionsstärke einer Handlung nach wiederholter Darbietung des gleichen Reizes nach und nach ab und erlischt schließlich. Durch diesen Vorgang werden nichtgefährdende und bedeutungslose Reize aus dem Reizgeschehen ausgefiltert zugunsten von biologisch bedeutsameren Reizen, für welche die volle Empfindlichkeit erhalten bleibt. Diese Lernform hat Ähnlichkeit mit dem Ermüden von Instinkthandlungen (S. 29). Beide Vorgänge sind nicht scharf voneinander abzugrenzen.

Über eine Schar isoliert aufgezogener Truthennen wurden an einem Seil Attrappen verschiedener Form (Raubvogel, Kreis, Kreuz) bestimmter Größe und Geschwindigkeit weggezogen. Die Tiere reagierten zunächst mit der angeborenen Fluchtreaktion. Der Versuch wurde dann so abgeändert, daß man eine der fluchtauslösenden Attrappen sehr häufig zeigte, eine andere dagegen sehr selten. Schließlich reagierten die Tiere nicht mehr auf die häufig gezeigte Attrappe, wohl aber mit unverminderter Heftigkeit auf die selten gezeigte. Dieses Verhalten entspricht einer realen biologischen Situation. Der AAM für Flucht spricht bei diesen Tieren auf häufig und schnell vorüberfliegende Tiere (Insekten, Singvögel) nicht an, dagegen aber auf große und langsam fliegende Greifvögel. Diese überstreichen zum Nahrungserwerb große Gebiete und werden deshalb von den Truthennen seltener gesehen. Einer Reizgewöhnung unterliegt auch der Mensch. Periodische Geräusche (Ticken einer Uhr, Zuggeräusche u.a.) werden nach einiger Zeit nicht mehr bewußt wahrgenommen. Aber es besteht volle Empfindlichkeit dafür, wenn das Geräusch aussetzt.

4.5.2 Lernen von bedingten Reflexen (klassische Konditionierung)

An zwei Beispielen sei dieser Lernvorgang erläutert. Eine *Planarie* (Strudelwurm) kriecht in einer 30 cm langen und 1 cm breiten wassergefüllten Rinne, deren vordere Hälfte einen glatten Untergrund, die hintere einen aufgerauhten aufweist. (Abb. 28). An beiden Enden der Rinne ist je eine Elektrode angebracht. Die aufgerauhte Hälfte ist durch eine schwarze Papiermanschette abgedunkelt. Da die Tiere negativ fototaktisch reagieren, kriechen sie stets von der hellen Hälfte in die dunkle, aufgerauhte, *ohne* auf den rauhen Untergrund zu reagieren. Schickt man, unmittelbar nachdem

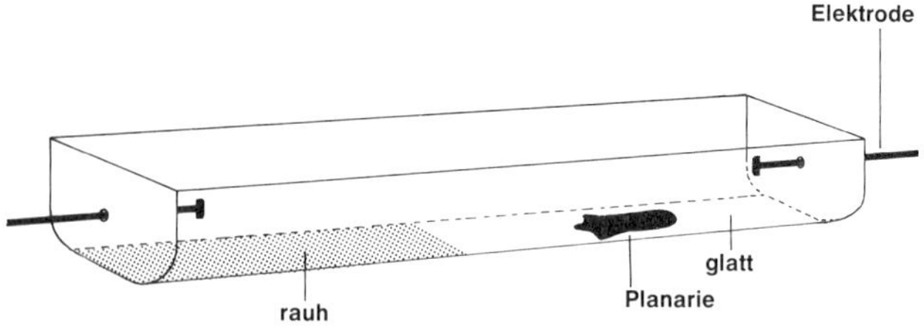

Abb. 28: Versuchsanordnung zur Bildung eines bedingten Reflexes bei Planarien. Weitere Erläuterungen im Text.

das Tier die aufgerauhte Hälfte berührt hat, einen elektrischen Stromstoß durch das Wasser oder erschüttert das Gefäß, so zieht sich das Tier reflektorisch zusammen. Nach achttägiger Wiederholung dieses Vorganges, wobei die Reaktion fünfzehnmal pro Tag wiederholt wird, reagiert die Planarie mit einer reflektorischen Kontraktion des Körpers, wenn sie den rauhen Untergrund berührt. Bei diesem Versuch geht dem reflexauslösenden Reiz (elektrischer Schlag) als unbedingtem Reiz mehrmals ein neutraler Reiz (rauh) unmittelbar (0,1–0,5 Sek.) voraus. Der Lernvorgang besteht darin, daß der neutrale Reiz, der dem reflexauslösenden Reiz vorausgeht, sich diesem *ankündigt*. Der neutrale Reiz wird durch Erfahrung selbst zum reflexauslösenden Reiz. Man nennt ihn *bedingten Reiz* und die auf ihn folgende Reflexreaktion **bedingten Reflex**, oder **bedingte Reaktion**.

Für das Zustandekommen dieser Lernhandlung wird die Anfangssituation in der Wahrnehmung bzw. in der Verhaltenssteuerung sinnvoll umstrukturiert, und ein neuer Reiz löst das alte Verhalten aus. Maßgebend für diese Umstrukturierung ist das *Zeitverhältnis*, in dem unbedingter und bedingter Reiz aufeinanderfolgen (0,1–0,5 Sek.). Trifft z. B. der bedingte Reiz (rauh) später ein als der unbedingte (elektrische Schlag), dann bildet sich der bedingte Reflex *nicht* aus. Für das Zustandekommen bedingter Reflexe nimmt man an, daß es im Zentralnervensystem Strukturen gibt, die auf das Eintreffen von zeitlich nahe beieinanderliegenden Signalen ansprechen und eine Verbindung zwischen den signalleitenden Bahnen herstellen (Abb. 29).

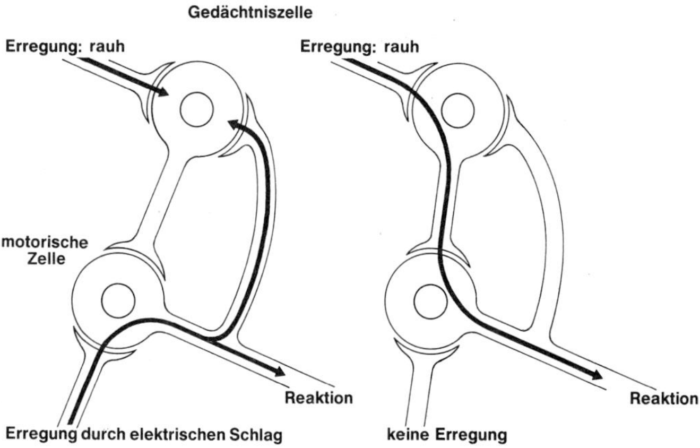

Abb. 29: Hypothetisches Schema der Neuknüpfung von Verbindungen bei Bildung eines bedingten Reflexes. Eine Gedächtniszelle wird durch einen unbedingten Reflex aktiviert. Beim gleichzeitigen Eintreffen eines neutralen Reizes über die Gedächtniszelle entsteht eine Verbindung zwischen dieser und der motorischen Zelle des unbedingten Reflexes.

Auch beim Menschen sind bedingte Reflexe nachweisbar. Ein kurzer Luftstoß aus einer feinen Düse löst am Auge den Lidschlußreflex aus. Wird unmittelbar vor oder fast gleichzeitig mit dem Luftstoß ein Tonsignal gegeben, so reagiert nach mehrmaliger Wiederholung das Auge allein auf das Signal mit dem Lidschlußreflex, ohne daß dies bewußt wird. Versucht man diesen bedingten Reflex mehrmals hintereinander mit dem Tonsignal allein auszulösen, so nimmt die Reaktion ab und bleibt schließlich aus. Nach einer längeren Wartezeit kann der Reflex wieder allein mit dem Tonsignal ausgelöst werden. Das Ausbleiben des bedingten Reflexes heißt **Extinktion** (Auslöschung). Die Verknüpfung der leitenden Strukturen, die den bedingten Reflex ermöglichen, wird dabei nicht unterbunden. Extinktion darf nicht mit **Vergessen** verwechselt werden. Extinktion verläuft schneller und tritt stets in der Lernsituation auf. Das **Vergessen** verläuft langsamer, ist zeitabhängig und tritt auch dann ein, wenn der Lernvorgang schon längere Zeit abgeschlossen ist.

4.5.3 Lernen von bedingter Appetenz

Ein hungriger Hund wird in ein geschlossenes Laufgitter gebracht (Abb. 30). Die eine Schmalseite ist durch ein verschiebbares Gitter so abgeschlossen, daß je nach der Stellung des Gitters entweder rechts oder links ein schmaler Durchgang bleibt. Hinter dem Quergitter wird ein Fleischbrocken ausgelegt. Das dadurch ausgelöste Appetenzverhalten des Hundes führt dazu, daß der Hund direkt auf das Futter zuläuft. Nach einigen Suchbewegungen findet er den Durchschlupf, z. B. auf der rechten Seite, und holt sich den Futterbrocken. Nach zweimaliger Wiederholung des Versuchs steuert der Hund direkt z. B. die jetzt rechts liegende Öffnung an und holt sich das Futter, obwohl im vorhergehenden Versuch der Durchschlupf links war. Dieses Verhalten zeigt, daß er die Gitteröffnung als Durchschlupf wahrgenommen und erkannt hat. Er verknüpft den **wahrgenommenen Reiz** (Gitteröffnung) mit der darauffolgenden Antriebsbefriedigung der Futteraufnahme. Der Reiz, welcher der Antriebsbefriedigung vorausging, wird auch künftig zum Anlaß oder Ziel für dasjenige Appetenzverhalten, das im Lernversuch zur Befriedigung eines entsprechenden Antriebs führte. Bei die-

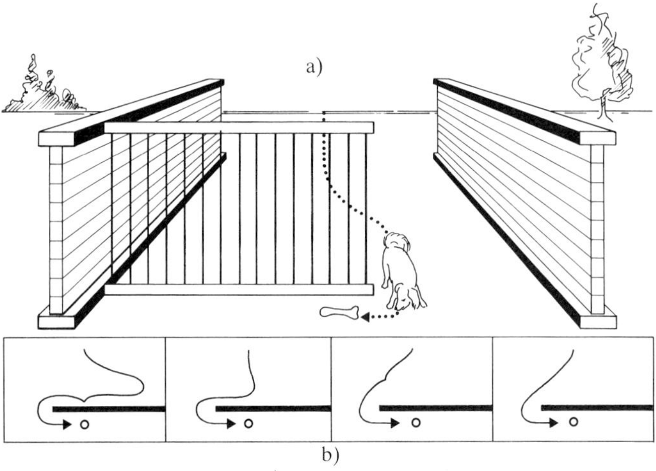

Abb. 30: Verhalten eines Hundes im Laufgatterversuch. a) Der Hund hat gelernt, das Hindernis links zu umgehen. b) Verhalten des Hundes in vier aufeinanderfolgenden Läufen, wenn das Gatter nach links verschoben wurde und der Durchlaß rechts lag. Liegt in einem weiteren Versuch der Durchlaß wieder links, dann läuft der Hund im ersten Versuch direkt auf den Durchlaß zu.

sem Lernprozeß gewinnt das Tier für das Appetenzverhalten neue auslösende Reize (erfahrungsabhängige Auslöser).

4.5.4 Lernen von bedingter Aktion

Beim Lernvorgang der bedingten Appetenz werden aufgrund einer guten Erfahrung neue erfahrungsabhängige *Reize* an das Appetenzverhalten gekoppelt. Bei der bedingten Aktion werden aufgrund guter Erfahrungen **Verhaltensweisen oder Verhaltenselemente mit einem Appetenzverhalten** verknüpft. Eine Dackelhündin, die sich in spielerischer Weise auf den Rücken legte und die Beine auseinanderstreckte, wurde wegen dieser »drolligen« Haltung durch einen begehrten Bissen belohnt. In der Folgezeit zeigte sie dieses Verhalten jedesmal, wenn sie irgendwo begehrtes Futter bemerkte oder haben wollte. Die Haltung des Tieres ist ein Verhaltenselement aus dem Verhalten junger Welpen, die damit die Mutter zur Körperpflege auffordern. Dieses Verhalten hat sich beim erwachsenen Hund noch als Beschwichtigungsgeste (S. 143) gegenüber aggressiven Artgenossen erhalten. Im Gegensatz zum Lernprozeß durch bedingte Appetenz macht das Tier die Erfahrung, daß auf ein *Verhaltenselement* eine Belohnung folgt. Es verknüpft daher den durch Belohnung befriedigten Antrieb mit der entsprechenden Verhaltensweise. Antriebe stellen somit Verhaltensweisen für neue Ziele in ihren Dienst.

Diese Form des Lernens wurde mit verschiedenen Begriffen belegt. Als **instrumentale Konditionierung** bezeichnet man es, weil das Verhalten das Instrument ist, durch das eine Belohnung erreicht wird; als **operantes Lernen** (operant conditioning), weil sich das Verhalten als Tätigkeit (operation) so auf die Umwelt auswirkt, daß sich eine Belohnung anschließt. **Aktion** nennt man ein Verhalten, das durch innere Ursachen spontan in Gang gesetzt wird, während bei einer Reaktion äußere Reize das Verhalten auslösen.

Viele Versuche zur Analyse dieser Lernart werden mit der sogenannten **Skinner-Box** gemacht. Sie wurde erstmals vom Experimentalpsychologen F.B. Skinner zur Untersuchung von Lernvorgängen benutzt. Das Gerät besteht aus einem geschlossenen Kasten, der bei Versuchen mit Vögeln eine Glasscheibe, bei Versuchen mit Katzen oder Ratten einen Hebel zum Herunterdrücken enthält (Abb. 31). Zum Inventar gehört weiter ein in die Wand eingebautes Futterschälchen, in das, von einem Automaten oder vom Experimentator gesteuert, Futter fällt, sowie Vorrichtungen

(Lämpchen, Lautsprecher u. a.), durch die den Tieren die entsprechenden Reize übermittelt werden. Setzt man eine unerfahrene Taube in den Kasten, so zeigt sie darin verschiedene Verhaltenselemente: sie läuft herum, putzt das Gefieder oder pickt irgendwohin. Pickt sie nun zufällig an die Glasscheibe, dann fällt, vom Futterautomaten gesteuert, ein Futterkorn in das Schälchen, das die Taube aufpickt. Sie lernt sehr schnell den Zusammenhang zwischen Verhalten (Picken an der Scheibe) und Belohnung, so daß die Pickrate rasch ansteigt und schließlich ein Maximum erreicht.

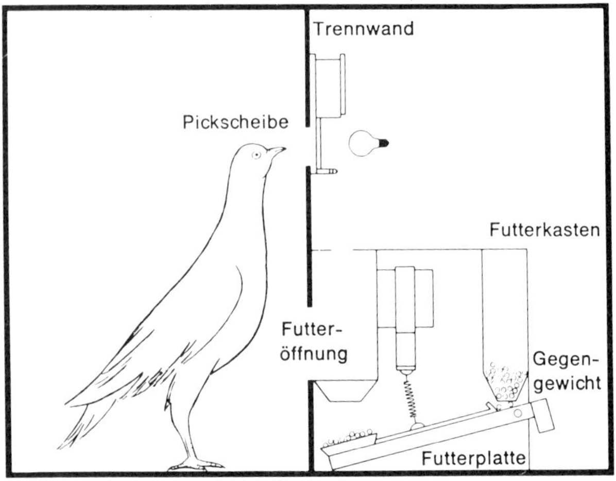

Abb. 31: Schnitt durch beide Abteile einer Skinner-box. Beim Picken an die Scheibe schwingt die Futterplatte für einige Sekunden nach oben.

Die **Belohnung bekräftigt** (verstärkt) damit die Verknüpfung zwischen Verhaltenselement und Antriebsminderung bzw. Bedürfnisbefriedigung. Die Bekräftigung durch Belohnung (**Reinforcement**) steigert die Lerngeschwindigkeit, Lernleistung und Lernbereitschaft. Eine Lernsituation wird auch dann schneller gemeistert, wenn sich diese von der alten Lernsituation nur wenig unterscheidet. Durch dieses *Lernen in kleinen Schritten* werden z.B. Belohnungsfolgen von den Tieren schnell verstanden. Man kann das Tier durch einen Lernprozeß dazu bringen, daß es entweder nach jedem dritten, zehnten oder fünfhundertsten Picken ein Futterkorn zu erwarten hat, oder daß es nur Futter erhält, wenn nach dem letzten Picken eine Pickpause von 60 Sekunden eingelegt wird. Bleibt nach einer erlernten bedingten Aktion die Belohnung aus, dann sinkt die Pickhäufigkeit ab und bleibt schließlich ganz aus. Das Ausbleiben des erlernten Verhaltens (Picken) hängt davon ab, ob nach jedem einzelnen Picken oder erst nach häufigem Picken belohnt wird. Eine Taube, die gelernt hat, daß erst nach 900maligem Picken eine Belohnung zu erwarten war, pickte nach Einstellung der Belohnung innerhalb von 4,5 Stunden noch 73000mal gegen die Scheibe. Bei dieser Form des Lernens kann es zu Fehlleistungen kommen, wie folgender Versuch zeigt:

Mehrere Tiere wurden einzeln in eine Skinner-Box gesetzt. Sie erhielten in regelmäßigen Abständen (z.B. alle 15 Sek.) unabhängig von ihrem Verhalten eine Belohnung. Einige Zeit nach Versuchsbeginn beobachtete man ein eigenartiges Verhalten der Tiere. Eine Taube hüpfte in den Freßpausen dauernd von einem Bein aufs andere, eine zweite streckte auf einem Bein stehend das andere in die Höhe, eine dritte drehte sich dauernd im Kreise usw. Die Erklärung: Die verschiedenen Reaktionen der Einzeltiere kamen dadurch zustande, daß jede Taube kurz vor dem Fallen eines Futterkorns zufällig ein bestimmtes Verhaltenselement ausführte. Dieses wurde durch ein Futterkorn belohnt und verstärkt, daraufhin häufiger ausgeführt und wieder belohnt. Man hat dieses Verhalten mit dem *Aberglauben* des Menschen verglichen. Ein zufälliges Verhalten wird durch Belohnung verstärkt oder bekräftigt, ohne daß ein kausaler Zusammenhang zwischen Verhalten und Belohnung besteht. Beispiel: Ein Roulettspieler hat einen Talisman, den er zum Spiel mitnimmt. Er setzt auf eine bestimmte Zahl und gewinnt. Nach einem weiteren Spiel mit einer anderen Zahl gewinnt er nochmals. Die auf das Spiel folgende Belohnung wird dem Mittragen des Talismans zugeschrieben, der nun auch künftig als Glücksbringer bei anderen Handlungen angesehen wird.

Mit dem Lernen durch bedingte Aktion beschäftigt sich vor allem eine als **Behaviourismus** bezeichnete Richtung der objektiven Verhaltensforschung. Sie untersucht mit objektiven Methoden die Gesetze des Lernens und geht von der These aus, daß angeborenes Verhalten bei Tier und Mensch keine Rolle spielt. Alles Verhalten des Menschen ist demnach ausschließlich auf Lernprozesse und Wechselwirkung mit der Umwelt zurückzuführen. Bei Schaffung von optimalen Lernzielen und entsprechenden Lernbedingungen kann der junge Mensch zum bestmöglichen Wesen heranwachsen. Genauso wie man Tiere durch kleine Lernschritte zu jedem vom Experimentator gewünschten Lernziel führen kann, vermag auch der Mensch in kleinen Lernschritten besser zu lernen, wenn einer selbst vollzogenen Handlung eine spezielle Belohnung zugrunde liegt. Dies ist die Grundlage des **programmierten Lernens**. Es beruht darauf, daß ein geordneter Stoff so vom Lernenden durchgearbeitet wird, daß er ständig kleine Probleme lösen muß, die er durch erworbene Kenntnisse aus dem zugrunde liegenden Stoff gut bewältigt. Als Belohnung wirkt sowohl die gefundene Lösung als auch der weitere Fortgang des Programms, der geschickt an die Bewältigung vorausgegangener Einzelschritte gekoppelt ist.

Das Lernen durch bedingte Appetenz und durch bedingte Aktion wird in manchen Darstellungen auch als **Lernen am Erfolg** oder als **Lernen durch Versuch und Irrtum** bezeichnet. THORPE definiert das Lernen durch Versuch und Irrtum folgendermaßen: Lernen durch Versuch und Irrtum besteht in der »Entwicklung einer Assoziation aufgrund der Belohnung während des Appetenzverhaltens zwischen einem Reiz oder einer Situation und einer unabhängigen motorischen Handlung innerhalb des betreffenden Verhaltens. Dabei müssen sowohl der Reiz als auch die motorische Handlung der Belohnung vorausgehen und die Handlung darf nicht die definitiv vererbte Reaktion auf die Belohnung sein«.

4.5.5 Lernen von bedingter Aversion (Erlerntes Vermeiden)

Dieser Lernvorgang ist gegeben, wenn auf die **Wahrnehmung** eines Reizes eine **schlechte Erfahrung** folgt. Ein Beispiel dafür ist das Verhalten von Ratten. Eine Ratte findet auf ihrem gewohnten Weg zur Nahrungssuche einen Köder in einer Schnappfalle. Sie tastet den Köder vorsichtig ab; dabei schnappt die Falle zu, wobei der Schnappbügel die Vorderbeine des Tieres so einklemmt, daß es sich gerade noch befreien kann. Die Ratte meidet künftig bei der Nahrungssuche ihren gewohnten Weg und sucht sich einen anderen. Darüber hinaus kann auch der Geruch des Köders oder sein Aussehen bewirken, daß künftig derlei Nahrung nicht mehr aufgenommen wird. Da bei diesem Lernvorgang auf einen wahrgenommenen Reiz eine unangenehme Erfahrung folgt, wird künftig die Reizsituation durch Flucht, Abwendung, Abwehr oder Hemmung der Annäherung gemieden. Ein Autofahrer, der in einer Straßenkreuzung in einen schweren Unfall verwickelt wurde, neigt dazu, diese Kreuzung künftig zu meiden.

Dieser Lernvorgang hat Ähnlichkeit mit einem bedingten Reflex (S. 56). Beide Lernvorgänge – bedingter Reflex und bedingte Aversion – schützen Lebewesen, indem sie schon auf ankündigende Reize reagieren. Der Unterschied zwischen beiden liegt darin, daß beim bedingten Reflex das diesem zugrunde liegende Verhalten – der Reflex – nicht verändert wird, während beim erlernten Vermeiden ein Verhalten wirksam werden kann, das in der Lernsituation nicht vorkam (Abwendung, Hemmung der Annäherung an Futter u. a.).

Dieser Lernvorgang ist auch evolutorisch von Bedeutung. Er ist an der Bildung von Warn- und Verbergetrachten z. B. bei der **Mimikry** beteiligt. Ein Vogel, der mit einem Beutetier z. B. einer stachelbewehrten Wespe oder einem schlecht schmeckenden Schmetterling unangenehme Erfahrungen machte wird diese Erfahrungen z. B. mit dem auffälligen Farbmuster des Beutetieres in Verbindung bringen und künftig Beutetiere mit der entsprechenden Färbung meiden. Es gibt Insekten (Nachahmer), die anderen geschützten Insekten (Vorbilder) im Körperbau und Färbung ähneln und daher ebenfalls wie die Vorbilder geschützt sind (Beispiel: Wespentracht des Hornissenschwärmers, Wespenbocks und einiger Schwebfliegenarten).

4.5.6 Lernen von bedingter Hemmung

Dieser Lernvorgang ist an **unangenehme Erfahrungen** gebunden, die durch ein **Verhalten** ausgelöst werden. Eine Katze, die im Garten nach Vögeln jagt, wird beim Anschleichen (Verhaltenselement) an das Beuteobjekt von einem Beobachter erschreckt. Sie flieht und meidet künftig an dieser Stelle ein derartiges Verhalten.

Bei diesem Lernvorgang folgt auf irgendein Verhalten eine unangenehme Erfahrung wie Schmerz oder Schreck. Daher wird künftig dieses Verhalten gehemmt. Eine wiederholt ausgelöste bedingte Hemmung, z. B. eines instinktiven Verhaltens, kann dazu führen, daß das Verhalten schließlich unterbleibt. Bei längerer Hemmung der Verhaltensweise steigt der entsprechende Antrieb langsam soweit an, daß schließlich die gehemmte Verhaltensweise in unkontrollierbarer Weise in einer Art Leerlaufreaktion abläuft. Durch bedingte Hemmung kann man auch Haustieren die unerwünschten Verhaltensweisen abdressieren. Einem Hund kann das Wildern dadurch abgewöhnt werden, daß man ihn bestraft, bevor er einem Tier nachjagt, und nicht erst nachdem er vom Wildern zurückkommt. Eine Bestrafung für ein Fehlverhalten ist nur dann sinnvoll, wenn die Strafe während oder unmittelbar auf das Fehlverhalten erfolgt und nicht erst einige Zeit danach.

4.5.7 Weitere Lernformen

Neben dem Erlernen bestimmter Lernformen durch Belohnung und Strafe, bzw. durch angenehme oder unangenehme Erfahrungen gibt es auch Lernprozesse, die nicht durch Belohnung und Strafe bestimmt werden. Dazu gehören: das motorische Lernen, Lernen durch Nachahmung, das latente Lernen und das perzeptive oder Wahrnehmungslernen.

Beim **motorischen Lernen** werden, z. B. durch äußeren Zwang, die gleichen Bewegungsfolgen häufig ausgeführt, wobei sich dann durch Koppelung der Einzelhandlung die gesamte Bewegungsfolge einschleift. Der mechanische Ablauf von geplanten Bewegungsweisen beim Menschen, wie z. B. Autofahren, Schwimm- und Tanzbewegungen, beruht auf motorischem Lernen.

Das **Lernen durch Nachahmung** ist bei Tieren und bei Menschen deutlich ausgeprägt. Beim Menschen wird die Wahrnehmung der Tätigkeit eines anderen in eigene Betätigung umgesetzt und »durch das Erlebnis der gelingenden Funktion motiviert«. Durch diesen Lernvorgang werden Muttersprache, Spieltechniken und andere Tätigkeiten erlernt.

Latentes Lernen liegt dann vor, wenn Informationen aufgenommen werden, die erst später in Verhaltenszusammenhängen zur Wirkung kommen. Gesättigte Ratten wurden über Nacht in ein nicht mit Futter ausgestattetes Labyrinth gebracht. Sie schnitten tags darauf beim Kennenlernen des mit Futter bestückten Labyrinths besser ab als Tiere, denen die Vorerfahrung des Labyrinths fehlte. Die Ratten hatten auch ohne Belohnung das Labyrinth erkundet und ohne erkennbaren Bezug zu einem Bedürfnis Wege gelernt, die sie erst später kennen mußten, um eine Belohnung zu erhalten.

Beim **perzeptiven Lernen** werden verschiedene Reize aufgrund ihrer unterschiedlichen Eigenschaften erlernt und unterschieden, ohne daß sie mit einer Reaktion verknüpft sind. Ratten, die auf Unterscheidbarkeit von Kreis und Dreieck geprüft wurden, zeigten im sog. **Diskriminationstest** (Differenzdressur S. 68) die Fähigkeit, die Figuren ohne Bekräftigung besser und schneller zu unterscheiden, wenn sie entsprechende Figuren bei einer neutralen Situation schon gesehen hatten als Tiere, die solchen neutralen Reizen nicht ausgesetzt waren.

4.6 Prägung

Instinkthandlungen oder Verhaltenstendenzen bedürfen einer bestimmten Reizsituation zu ihrer Auslösung. Für manche Verhaltensweisen gibt es auslösende Reize, die in einer bestimmten zeitlich begrenzten Lebensphase (**sensible Periode**) erlernt und später nicht mehr abgewandelt werden können. Frisch geschlüpfte Gänseküken haben einen Kontaktruf, der den Kontaktruf der Gänsemutter auslöst. Sie reagieren auf diesen mit einer angeborenen Reaktion, indem sie auf den Ruf hin der Mutter nachlaufen. Diese Nachfolgereaktion bindet das Gänseküken in Sekundenschnelle individuell durch einen Lernprozeß an das Muttertier. Diese Form des schnellen Lernens wird als *Prägung* bezeichnet. Nach E.H. Hess ist Prägung ein genetisch programmiertes Lernen, durch das während einer spezifischen kritischen Periode extrem schnell die Zuordnung einer angeborenen Verhaltensweise zu spezifischen Objekten zustande kommt.

Im vorliegenden Fall handelt es sich um eine **Nachfolgeprägung** (Abb. 32). Dieser Lernvorgang ist angeboren und an die Befriedigung des Antriebs für Nachfolgen bzw. Kontakt zum Muttertier gebunden. Im Experiment gelingt es, Gänseküken auf dasjenige Objekt zu prägen, das erstmals die Nachfolgereaktion auslöst, sei es ein Mensch oder ein lebloser Gegenstand. Nach dem Prägevorgang folgt das Tier nur dem Objekt, auf das es geprägt ist. Ein auf den Menschen geprägtes Tier folgt nur dem Menschen und nicht seiner arteigenen Mutter. Diese Nachfolgeprägung ist bei vielen nestflüchtenden Vögeln und vielen Säugetieren (Schaf, Pferd, Hund, Eisbär) nachgewiesen.

Neben der Nachfolgeprägung gibt es auch eine **sexuelle Prägung**. Die Männchen der Stockente werden als Jungen zu einer Zeit auf die Weibchen geprägt, in der noch kein sexuelles Verhalten auftritt. Die Prägungsphase beginnt mit der 6. Woche und klingt mit der 8. Woche ab. Dieser Prägungsvorgang ist biologisch sinnvoll, da die Jungen, ehe sie sich von der Mutter trennen, das Artbild des Partners, mit dem sie sich später paaren, kennenlernen müssen. Das Artbild muß das des erwachsenen Artgenossen sein. Im Falle der Stockente wird es vom Muttertier geliefert. Die sexuelle Prägung läuft ohne spezifische sexuelle Erregung bzw. Motivation ab. Einblick in diese Art der Prägung gibt ein Versuch mit zwei Prachtfinkenarten. Die Jungen des australischen Zebrafinken (= Art A) wurden vom Ei an vom japanischen Mövchen (= Art B) aufgezogen. Nach der Geschlechtsreife balzten die Männchen der Art A nur die Weibchen der Pflegeeltern B an, auch wenn Weibchen der

Art A anwesend waren. Wenn nur Weibchen von A anwesend waren, balzten sie auch diese an, paarten sich und zogen Junge auf. Sobald aber Weibchen von A und B gleichzeitig anwesend waren, balzten sie nur die Weibchen der Art B an und paarten sich mit ihnen. Entscheidend für die Prägung ist also nicht die Prägungshandlung, sondern das *Prägungsengramm*, d.h. das im Gedächtnis eingeprägte Muster für die balzauslösenden Reize der Weibchen der Art B.

Abb. 32: Apparatur zur experimentellen Untersuchung der Nachfolgeprägung. Die Apparatur besteht aus einem 30 cm breiten und 3 m langen kreisförmigen Laufgang. Die Attrappe hängt etwa 5 cm über dem Boden an einem im Zentrum befestigten dreh- und schwenkbaren Arm. Die Attrappe kann mit unterschiedlicher Geschwindigkeit im Laufgang herumgeführt werden. Beleuchtung, Geschwindigkeit und Lautäußerung der Attrappe sowie Lockrufe werden von einem Schaltpult aus gesteuert, der 1,5 m von der Apparatur entfernt ist. Prägungsapparatur und Schaltpult sind durch einen Vorhang gegeneinander abgeschirmt.

Bei **motorischer Prägung** werden bestimmte motorische Vollzüge, wie sie z.B. bei der Lautbildung der Vögel notwendig sind, schnell und sicher erlernt. Ein junger Buchfink lernt erst den Artgesang, wenn er ihn von einem erwachsenen Buchfink hört. Selbst aus einem Gesangsgemisch wird der Artgesang herausgehört und erlernt.

Die Beispiele lassen erkennen, daß es im Leben von Individuen unterschiedliche sensible Phasen gibt, in welchen angeborenermaßen gelernt wird. Diese Perioden unterscheiden sich durch die Zeitdauer und die Dauerhaftigkeit des Lerneffekts. Die **sensible kritische Periode** oder *Prägungsperiode* ist kurz (einige Stunden bis Tage) und das in dieser Periode nicht geprägte Lernergebnis kann nicht mehr nachgeholt werden. Hierher gehört z. B. die Nachfolgeprägung bei Vögeln. **Sensible, empfindliche Perioden** sind längere Zeitabschnitte, in welchen ein Tier für bestimmte auslösende Reize besonders empfänglich ist. Das in dieser Periode (Tage bis Wochen) durch Reize ausgelöste Verhalten wird zeitlebens beibehalten. Beispiel: Junge Hühner, die nach dem Schlüpfen länger als zwei Wochen im Dunkeln leben und von Hand gefüttert werden, machen zwar später Pickbewegungen in die Luft, sind aber unfähig, mit Hilfe von Pickbewegungen Futter aufzunehmen. **Die sensible optimale Periode** ist ein längerer Zeitraum (Wochen bis Monate), während dessen ein Individuum besonders bereitwillig auf Lernsituationen anspricht. Das Erlernte haftet während des weiteren Lebens besser und effektiver als wenn es außerhalb der optimalen Periode erlernt worden wäre.

Die Prägung als besondere Form des Lernens ist durch folgende Kennzeichen bestimmt:

Geprägt wird ein Tier nur auf eine **bestimmte Reaktion** (Nachfolgen, sexuelles Verhalten). Eine Gans, die durch die Nachfolgereaktion auf den Menschen geprägt ist, paart sich später normal mit ihren Artgenossen, folgt aber nur dem Menschen. Ein sexuell auf den Menschen geprägtes Tier folgt zwar seinen Artgenossen, balzt aber zur Fortpflanzungszeit nur den Menschen an.

Die Prägung erfolgt in einer **zeitlich eng begrenzten kritischen Periode**. Sie liegt bei Gänsen in den ersten 24 Stunden mit einem Maximum in den ersten 6 Stunden. Bei Enten und Hühnern liegt das Maximum der Prägeperiode zwischen der 13. und 16. Lebensstunde. Ratten können in den ersten drei Tagen, Hunde in der ersten Lebenswoche auf Nachfolge geprägt werden.

Die Prägung ist bei vielen Tierarten unwiderruflich (**irreversibel**) und wird lebenslang beibehalten. Versäumte Prägung kann nicht nachgeholt werden.

Die Prägung ist nur auf **überindividuelle Artmerkmale** gerichtet. Ein auf den Menschen geprägtes Jungtier läuft allen Menschen nach.

Entscheidende Kennzeichen, ob eine Prägung vorliegt oder nicht, ist die kritische Periode, die relativ kurz ist, und die Unwiderruflichkeit des Prägungsengramms. Diese Kriterien sind für die Beurteilung prägungsähnlicher Vorgänge beim Menschen von wesentlicher Bedeutung (S. 115).

Die biologische **Bedeutung der Prägung** ist in der erhöhten Sensibilität für Eindrücke während der Entwicklung im jugendlichen Alter zu sehen. Das enge Zusammenleben der Jungtiere mit Eltern und Geschwistern oder mit anderen Artgenossen einer Gruppe fördert das Sammeln von Erfahrungen und Kenntnissen für das spätere Leben. Eine erhöhte Bereitschaft, während dieses Zusammenlebens Eindrücke und Erfahrungen zu sammeln und zu festigen ist von hohem Wert für die Anpassung des Individuums an seine Umwelt. Allerdings hat die Prägung auch einen **Nachteil**, der in der Natur aber nur selten in Erscheinung tritt. Die Möglichkeit zur **Korrektur einer Fehlprägung** ist sehr gering. Nach einer Fehlprägung kann es zu bleibenden Fehlentwicklungen kommen. Diese sind zu erwarten, wenn das betreffende Tier nicht zum richtigen Zeitpunkt die für das Leben notwendigen Erfahrungen sammeln konnte oder wenn sie am falschen Objekt (z. B. am Menschen statt am Artgenossen) gesammelt wurden.

4.7 Höhere Lernleistungen bei Tieren

Will man erfahren, was ein Tier mit Hilfe des Lernvermögens leistet, benutzt man die Methode der **Differenzdressur**. Darunter versteht man eine Kombination von bedingter Appetenz und bedingter Aversion. Bei diesem Lernvorgang werden nacheinander oder gleichzeitig zwei unterschiedliche Reize angeboten. Ein Reiz wird mit Belohnung, der andere mit Strafe oder Nichtbelohnung gekoppelt. Nach gelungener Dressur kann man daraus ableiten, daß das Tier die beiden Reize unterscheiden kann.

4.7.1 Abstraktion

Bei **Abstraktionen** werden unterschiedliche zeitliche und räumliche Eigenschaften eines Gegenstandes oder eines Ablaufes vernachlässigt (abstrahiert) zugunsten der übereinstimmenden und bleibenden (invarianten) Eigenschaften. Forellen wurden auf ein Kreuz und ein Viereck dressiert, wobei das Kreuz futterbelohnt war. In zahlreichen gestaltlichen Abwandlungen des Kreuzes und Vierecks (Abb. 31) reagierten die Tiere in statistisch gesicherten (signifikanten) Prozentzahlen und das futterbelohnte Merkmal »Kreuz«. Das Tier erfaßte das kennzeichnende Merkmal der »Kreuzhaftigkeit« bei allen gebotenen Mustern. Das allgemeine Anschauungsbild Kreuz bleibt im Wechsel der Bildwahrnehmung als feste Beziehung erhalten.

Elefanten unterscheiden eine auf- und absteigende Dreitonfolge (C^1, C^2, A^1) als positives Dressurmerkmal von einer ab- und ansteigenden Tonfolge (C^1, F, A). Bei Veränderung von Tonlage, Rhythmus und Klangfarbe wird das positive Dressurmerkmal erkannt. Dieses Vermögen zeigt alle Eigenschaften einer Gestaltbildung, d.h. auch Tiere besitzen einen angeborenen Mechanismus zur Gestaltbildung (AMG).

4.7.2 Generalisation

Von **Generalisation** spricht man, wenn das herausgehoben wird, was vielen Objekten bzw. Vorstellungen gemeinsam ist. Aufschlußreich sind in diesem Zusammenhang die Untersuchungen über das Zählvermögen bei Tauben, Rabenvögeln, Papageien und Eichhörnchen. Die Tiere wurden darauf dressiert, aus einer großen Anzahl von Futterbrocken nur die andressierte Anzahl aufzunehmen. Die Tiere lernten auch, ihre Wahl nach vorgelegten Mustern zu treffen. Vor zwei abgedeckten beköderten Futterschalen, auf deren Deckel zwei und vier Punkte abgebildet waren, lag eine Anweisertafel mit zwei aufgemalten Punkten. Das Versuchstier öffnete nur das Schälchen, auf dessen Deckel die andressierte Anzahl zwei als Punkte aufgemalt war. Kolkrabe und Graupapagei konnten selbst aus einer Gruppe von 5 bzw. 7 Schälchen mit verschieden gekennzeichneter Anzahl die auf der Anweisertafel angezeigte Anzahl herausfinden, auch wenn die vorgegebene Anzahl auf der Anweisertafel und auf dem Schälchen durch Plastilinstückchen in Form und Anordnung unterschiedlich ausgedrückt war, jedoch die Anzahl konstant blieb (Abb. 34). Einer Dohle, die zwischen der Anzahl drei und vier zu wählen hatte, wurden auf der Anweisertafel drei Punkte vorgezeigt, aber auf den Deckeln der zwei Futterschälchen lag anstelle der abgebildeten Punkte die entsprechende Anzahl Mehlwürmer. Die Dohle fraß die erlaubte Anzahl Mehlwürmer von dem Deckel des Schälchens und ließ die vier anderen liegen. Hier war alles vom Übungsversuch verschieden: sowohl was der Vogel sah (Mehlwürmer statt Punkte) als auch das was er tun sollte (Deckel abheben und den Köder im Schälchen fressen). Die Entscheidung fiel nur aufgrund der erkannten Anzahl.

Neben dem **Sehen von Anzahlen** lernten die Tiere auch das **Abhandeln erlernter Anzahlen**, d.h. nacheinander (sukzessiv) gebotene Anzahlen voneinander zu unterscheiden. In einer Reihe von zehn verdeckten Schälchen waren in unterschiedlicher Anzahl Futterbrocken verteilt. Die Tiere hatten gelernt, daß nicht mehr als 5

Futterbrocken zu erwarten waren. Sie holten sich nacheinander aus den Schälchen so viele Futterbrocken, wie es der erlernten Anzahl entsprach. Einem Graupapagei gelang es ohne weitere Dressur, eine gesehene Anzahl auf eine akustisch gehörte Anzahl zu übertragen (heteromodale Transposition). Er hatte gelernt, auf zwei Lichtsignale hin aus 8 verdeckten Schälchen zwei Körner zu entnehmen. Er entnahm auch spontan die gleiche Anzahl, wenn aus einer Pfeife zwei Tonsignale gegeben wurden.

Die Fähigkeit, gleichzeitig (simultan) nebeneinander gebotene Anzahlen zu sehen sowie nacheinander (sukzessiv) gebotene An-

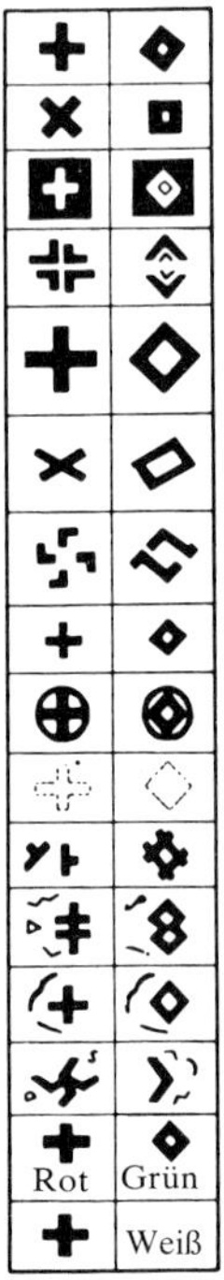

	(+)	(−)	Fisch 1	Fisch 3	Fisch 4
Ausgangsmuster			94	96	90
Tr. 1			82	82	80
Tr. 2			86	86	92
Tr. 3			(60)	(66)	80
Tr. 4			90	98	84
Tr. 5			80	82	(68)
Tr. 6			82	80	(64)
Tr. 7			74	82	74
Tr. 8			80	74	76
Tr. 9			76	78	70
Tr. 10			80	(62)	74
Tr. 11			74	76	(60)
Tr. 12			80 (40 Vers.)	(68) (13 Vers.)	(60) (40 Vers.)
Tr. 13			(60)	(54)	72
Tr. 14	Rot	Grün	100	94	90
Tr. 15		Weiß	78	86	96

Abb. 33: Dressurergebnis mit 3 Forellen. Kreuz ist positives Dressurmerkmal. Die Zahlen sind Durchschnittswerte in Prozent aus je 50 Versuchen. Nicht signifikante Werte stehen in Klammern. Die Grundform »Kreuz« und die Grundform »Quadrat« wird selbst in den verschiedenartigsten Abwandlungen erfaßt.

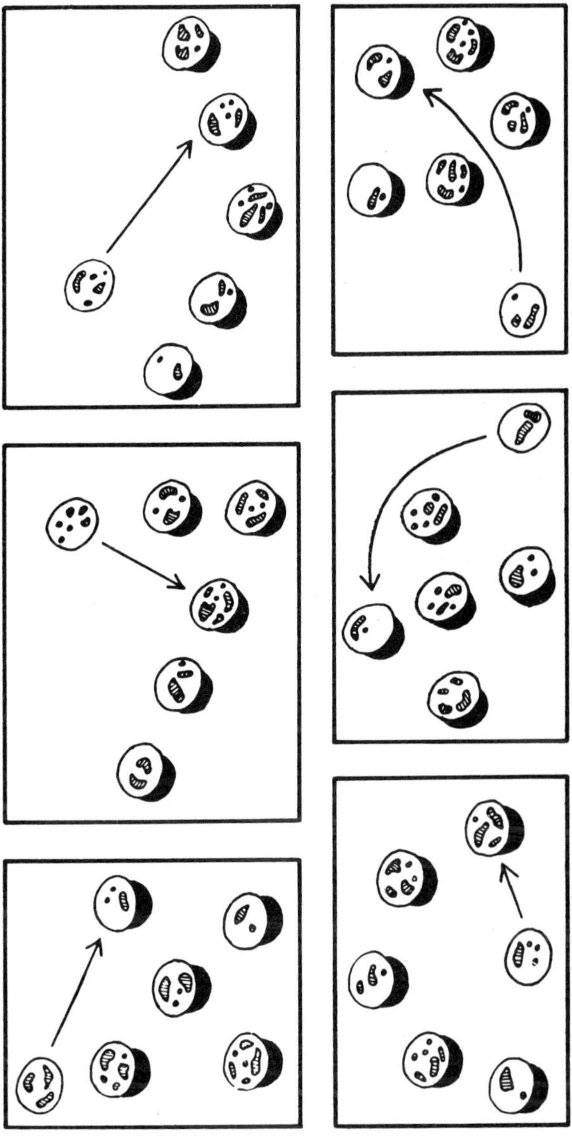

Abb. 34: Wahl nach Anweisertafel durch einen Kolkraben. Die Futterschälchen sind durch Schatten gekennzeichnet. Die Pfeile markieren jeweils die Anweisertafel und den danach vom Raben gewählten Futternapf.

zahlen abzuhandeln, beträgt beim Wellensittich 6, bei Elster, Eichhörnchen, Kolkrabe, Graupapagei und Mensch 7.

Die Fähigkeit mancher Tiere zur Abstraktion und Generalisation ist mit der menschlichen Fähigkeit, Begriffe zu bilden, vergleichbar. Beim Menschen werden Begriffe in einem Denkakt gebildet und im Sprachlaut (Wort) ausgedrückt. Tiere haben keine der menschlichen Begriffssprache entsprechende Ausdrucksfähigkeit, sie können daher keine, im Wort ausdrückbaren, abstrakte Begriffe bilden. Sie haben aber die Fähigkeit zur Abstraktion, die einer nicht in Worten ausdrückbaren (averbalen) Begriffsbildung (vorsprachliche Begriffe) entspricht. Tiere können also *nicht* zählen. Sie haben wahrscheinlich ein allgemeines Anschauungsbild (optische Gestalt) einer Anzahl, die immer als Mehrzahl auftritt, während der menschliche Zahlbegriff eine Einzahl ist, der für eine Mehrzahl steht. Da alle Begriffe, auch solche, die nicht im Sprachlaut ausgedrückt werden, immer in einem Denkakt gebildet werden, hat man das Vermögen von Tieren, Anzahlen zu sehen, auch als **unbenanntes Denken** bezeichnet.

Die Fähigkeit zur Abstraktion und Generalisation, besonders das Vermögen, Anzahlen zu sehen, hat für die Existenzerhaltung dieser Tiere wohl keine große Bedeutung. Es ist aber bedeutsam, daß die Anlage zu einem bestimmten Vermögen stammesgeschichtlich älter ist, als seine praktische Nutzung. Tiere besitzen demnach latente Fähigkeiten, die erst bei der stammesgeschichtlichen Höherentwicklung zum Tragen kommen.

5. Einsichtiges Verhalten und besondere Leistungen bei Affen

Wir reden von **Einsicht**, wenn der Mensch durch einen Denkakt Engramme angeborener oder erlernter Handlungen so kombiniert, daß er ein angestrebtes Ziel erreicht, ohne den Weg zum Ziel vorher gelernt zu haben. Da man bei Tieren nichts über Bewußtseinsvorgänge weiß, ist es nur möglich, über die Beobachtung des Verhaltens auf eine solche Neukombination von Engrammen zu schließen. Man bezeichnet daher die Einsicht bei Tieren auch als »**zielbedingt neukombiniertes Verhalten**«. In diesem Sinne wird im folgenden die sprachlich kürzere Bezeichnung Einsicht gebraucht.

5.1 Einsichtiges Verhalten bei Affen

Zum Nachweis dieser Verhaltensformen muß ausgeschlossen werden, daß das beobachtete Verhalten angeboren ist und nach der Reifung erstmals auftritt, daß es vorher erlernt war und nur zufällig zustande kam.

Einsichtiges Verhalten bei Tieren wurde von vielen Forschern an Primaten, besonders an Schimpansen, untersucht. Bekannt wurden die klassischen Versuche von W. Köhler auf der Affenstation der Insel Teneriffa (Abb. 35).

In einem Käfig mit 6 Tieren wurde eine Banane an einer Schnur so aufgehängt, daß sie weder vom Boden noch durch Emporklettern am Gitter zu erreichen war. Zusätzlich wurde in den Käfig eine Kiste gestellt. Die Tiere bemühten sich zunächst durch Strecken des Körpers oder durch Sprünge die begehrte Frucht zu erreichen. Eines der Tiere gab die Versuche vorzeitig auf und ging unruhig hin und her. Plötzlich blieb es vor der Kiste stehen, ließ die Blicke zwischen Banane und Kiste schweifen und schob sie dann in einem Zug unter die Banane, stieg darauf und erhaschte sie mit einem Sprung. In gleicher Weise wurde ein zufällig anwesender Wärter unter die Banane geschoben und als Kistenersatz benutzt. In einem anderen Versuch lag eine Banane so weit vor dem Käfiggitter, daß sie nicht mit gestrecktem Arm erreichbar war. Ein Schimpanse versuchte es mehrmals, bis er schließlich den Versuch aufgab. Er setzte sich anschließend unbeteiligt in eine Ecke. Erst als sich Jungtiere außerhalb des Käfigs der Banane näherten, sprang er plötzlich auf, packte einen Stock, der im Käfig lag, steckte ihn durch die Gitterstäbe und holte sich damit die begehrte Frucht.

Ein Schimpanse versuchte vergebens, mit einem zu kurzen Stock eine Banane vor dem Gitter zu holen. Er nahm daraufhin einen zweiten kurzen Stock, legte ihn mit einem Ende an den anderen Stock an, hielt den so verlängerten Stock an der Berührungsstelle mit der Hand zusammen und versuchte damit die Banane zu holen. Dieser **gute Fehler** zeigte, daß das Tier die richtige Einsicht hatte, daß ein verlängerter Stock ein Hilfsmittel zum Erlangen der Banane wäre; aber das entstandene Problem konnte es nicht lösen.

In weiteren Versuchen steckten die Schimpansen spontan kurze hohle Stöcke ineinander, um einen langen Stock zu erhalten. Sie türmten mehrere Kisten aufeinander, wenn eine Kiste zum Erreichen des begehrten Futters nicht ausreichte.

Im Freiland hat man beobachtet, daß Schimpansen kleine Zweige abreißen, diese in Öffnungen von Termitenbauten stecken und die sich daran festbeißenden Tiere ablecken. Die Tiere tupften auch mit zusammengeknüllten Blättern Wasser aus Astlöchern, das sie mit dem Mund nicht erreichen konnten. Steppenschimpansen, denen eine durch einen Elektromotor bewegte Leoparden-

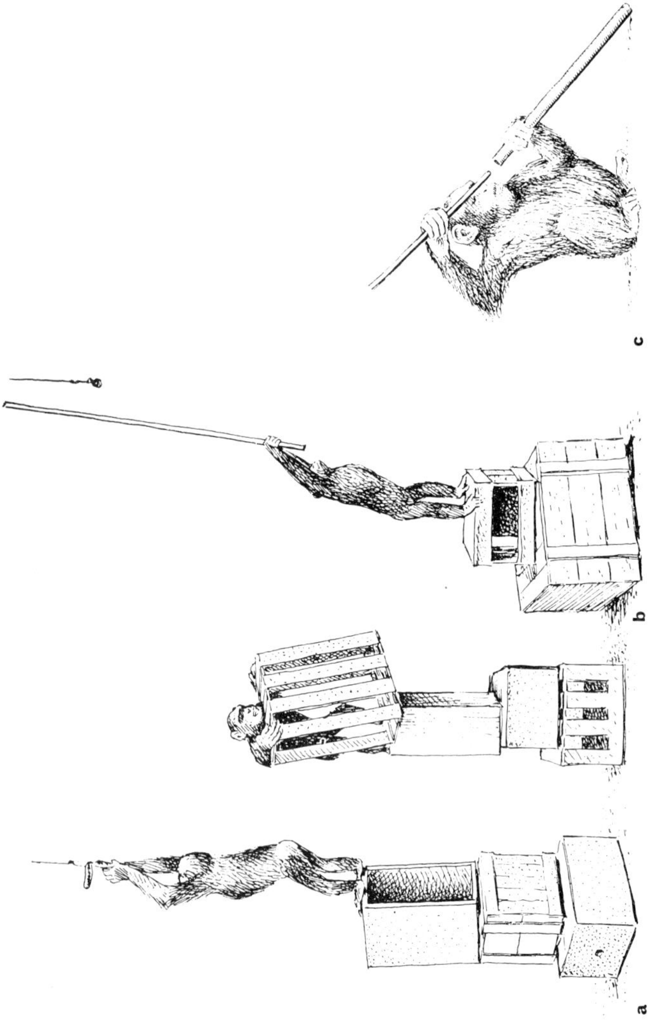

Abb. 35: Einsichtiges Verhalten beim Schimpansen. a) Kistenversuche, b) Stockversuch, c) Verlängern eines Stockes durch Ineinanderstecken kleinerer Stöcke. Das ungeschickte Aufeinanderstellen der Kisten zeigt die Begrenzung der Einsicht.

attrappe gezeigt wurde, benützten spontan Äste als Knüppel und schlugen auf zwei Beinen gehend auf die Attrappe ein.

Charakteristisch für den Handlungsablauf bei einsichtigem Verhalten von Affen sind **drei Phasen**: Das Tier sucht zunächst das Handlungsziel direkt zu erreichen. Darauf folgt eine Handlungspause, in der das Tier entweder scheinbar unbeteiligt in einer Ecke sitzt und den Blick zwischen Ziel und einem möglichen Hilfsmittel hin und her schweifen läßt, oder es geht unruhig auf und ab. Das darauf folgende Verhalten verläuft glatt, zügig und führt auf Anhieb zum Erfolg. Die drei Phasen sind zugleich Kriterien für einsichtiges Verhalten bei erstmaliger Bewältigung einer Aufgabe.

Die Leistungen der Affen bei einsichtigem Verhalten sind durch folgendes gekennzeichnet:

Die Tiere nehmen unmittelbar den **sinnvollen Zusammenhang** einer Situation wahr. Diese Form der Einsicht ist dasselbe Verhältnis zwischen Mittel und Ziel, das auch der Mensch in der gleichen Situation anwendet.

Aufgrund von Erfahrungen, daß man zum Beispiel Stöcke herumtragen und Kisten verschieben kann, werden die Engramme der Wahrnehmungen von Kiste – Banane – räumliche Beziehung so kombiniert, daß sie die voraussichtlich erfolgbringende Handlung vorwegnehmen, die dann ihrerseits die Ausführung steuert.

Das Werkzeug (Stange, Kiste) wird nur dann als solches erkannt und benutzt, wenn es im Handlungsraum vorhanden ist. Der Lösungsweg muß also *grundsätzlich* überschaut werden können.

Ein Affe benutzt das Werkzeug nur in *einer* Hinsicht, z. B. die Kiste als Besteigeding. Nach Befriedigung des Bedürfnisses verliert der Gegenstand seine Bedeutung als Werkzeug. Im Gegensatz dazu kann der Mensch das Werkzeug loslösen von der gegebenen Situation und damit **objektivieren**. Ein Ding hat für den Menschen mehrere Aspekte. So kann ein abgebrochener Ast gleichzeitig als Hebel, Waffe, Stock, Feuermaterial u. a. gesehen werden.

Das Nichtlösenkönnen einer schwierigen Aufgabe führt nicht zu weiteren Versuchen, das Triebziel zu erreichen. Affen haben im Gegensatz zum Menschen keine Kategorie der **Kausalität**. Sie können bei einer neuen Problemlage nicht ihre Betrachtungsweise wechseln. Ein Affe sieht z. B. einen Stock nur als Angelgerät für eine Banane, sieht ihn aber nicht gleichzeitig als Gegenstand zum Kratzen, wenn ihn sein Fell juckt. Der Gegenstand ist in der jeweiligen Situation für ihn auf eine bestimmte Funktion festgelegt.

Einsichtiges Verhalten des Menschen besteht darin, daß für ihn eine Situation, die er nicht allein aufgrund angeborener Fähigkeiten oder früherer Erfahrungen bewältigen kann, einen **Aufforde-**

rungscharakter besitzt. Der mögliche Lösungsweg der zum Problem gewordenen Situation wird in Gedanken vorentworfen und rational-logisch sowie urteilend erfaßt. Die dadurch gewonnene Einsicht in das mögliche Beziehungsgefüge einer Situation wird als Tun verwirklicht, wobei sich Einsicht und Plan als richtig bestätigen müssen. Die gefundene Lösung wird als Gedächtnisinhalt gespeichert und zur künftigen Bewältigung ähnlicher Situationen bereitgehalten.

5.2 Selbsterkennen, Traditionsbildung, Wertvorstellungen und ästhetisches Empfinden bei Affen

Neben dem einsichtigen Verhalten hat man bei Affen noch Leistungen beobachtet, die bisher allein dem Menschen zugeschrieben wurden: das Erkennen des eigenen Körpers im Spiegel, die Traditionsbildung und Anfänge von Wertvorstellungen.

Wild geborene Schimpansen wurden in einem Käfig gehalten, an dessen Wänden große Spiegel hingen. Zunächst drohten die Tiere ihr eigenes Spiegelbild an. Am dritten Tag begannen sie, durch das Spiegelbild geleitet, sich an Körperstellen (Rücken) zu kratzen, die sie selbst nicht sehen konnten. Dies deutet darauf hin, daß Schimpansen in der Lage sind, ihren eigenen Körper im Spiegel zu erkennen. Um dies nachzuweisen, wurden den gleichen Schimpansen in Narkose über der linken Augenbraue und am unteren Teil des rechten Ohrläppchens rote Farbmarken angebracht, die sie weder durch ein Hautgefühl noch durch Geruch selbst erkennen konnten. Außerdem waren sie dem eigenen Blick unzugänglich. Nach der Narkose berührten die Tiere, nachdem sie sich im Spiegel gesehen hatten, diese Stellen und untersuchten sie. Die Schimpansen hatten die Veränderung am **Spiegelbild** als Veränderung am eigenen Körper wahrgenommen. Dagegen erkennen sich Schimpansen, die in Gefangenschaft geboren wurden und sozial isoliert aufwuchsen, *nicht* im Spiegel. Daraus schließt man, daß das Begreifen des eigenen Selbst durch soziale Wechselwirkung mit anderen Sozialpartnern entsteht, und zwar durch die Erkenntnis, wie andere Personen auf uns reagieren, und aus Deutungen, die wir diesen Reaktionen auf uns geben.

In diesem Zusammenhang ist bemerkenswert, daß Eingeborene, die zum ersten Mal einen Spiegel in Händen hielten, einige Zeit und Erfahrung brauchten, um sich selbst in ihrem Spiegelbild zu erkennen.

Die **Traditionsbildung**, d.h. die Weitergabe von Erlerntem von

Generation zu Generation wurde bei Rotgesichtsmakaken auf der japanischen Insel Kôshima beobachtet. 1953 begann ein junges Affenweibchen die auf dem Sandstrand als Futter ausgelegten Süßkartoffeln (Bataten) in einem nahen Bach vor dem Verzehr zu waschen. Diese Erfindung wurde zunächst innerhalb der eigenen Familie nachgeahmt und von den Eltern auf die Kinder weitergegeben. Im Laufe von 10 Jahren wandten 75% der Gesamtpopulation dieses Eßverfahren an. Das gleiche Weibchen erfand 1956 das Auswaschen von Weizenkörnern nach der Goldwäschermethode. Statt die auf dem Sand ausgestreuten Weizenkörner mühsam einzeln auszulesen, warf das Tier eine Handvoll Sand-Weizen-Gemisch ins Wasser, wo sich der Sand von den leichteren Weizenkörnern trennte. Auch diese Methode verbreitete sich langsam über einen Teil der Affenpopulation. Diesen Anfängen der Traditionsbildung liegt die Fähigkeit von Tieren zugrunde, Gesehenes oder Gehörtes nachzuahmen. Diese Weitergabe erworbener Information (»**Vererbung**« **erworbener Eigenschaften**) ergänzt die Weitergabe genetischer Information und weitet damit den Handlungsspielraum von Lebenwesen erheblich aus.

Die Anfänge von **Wertvorstellungen** bei Affen wurden experimentell folgendermaßen ermittelt: Schimpansen hatten gelernt, mit Hilfe von runden Scheiben aus einem Futterautomat Futter zu holen. Danach lernten sie, unterschiedliche Scheiben verschiedenen Tätigkeiten oder Bedürfnissen zuzuordnen. Eine blaue Scheibe konnte zum Öffnen einer Tür zum Nachbarkäfig verwendet werden. Ein Schimpanse, der sich gerade mit verschiedenen Scheiben beschäftigte, hörte den Käfignachbarn rufen. Er nahm aus dem Vorrat verschiedenfarbiger Scheiben zielsicher eine blaue heraus und öffnete die Tür zum Nachbarkäfig. In einem anderen Versuch mußten die Tiere einen Hebelapparat bedienen. Für die geleistete Arbeit wurden sie mit Futtermarken belohnt, konnten aber erst nach längerer Zeit die Marke gegen Futter eintauschen. Die Tiere arbeiteten trotzdem weiter und sammelten eifrig die Marken. Die Versuche lassen erkennen, daß Affen die Futtermarken so behandelten, als ob sie den Wert von Futter oder Sozialkontakt hätten und zeigen damit die Fähigkeit zum **Symbolgebrauch**.

Schimpansen besitzen in gewissem Sinne ein **ästhetisches Grundempfinden**, wie aus Malversuchen hervorgeht (Abb. 36). Zeichenblätter werden harmonisch von der Mitte her mit Linien gefüllt. Die Linienbündel haben einen gewissen Rhythmus und sich ausgewogen über linke und rechte Blatthälfte verteilt. Vorgezeichnete Linien (Dreieck, Viereck, Spirale) werden nachgezogen. Affen sind aber nicht fähig zum »abbildenden Gestalten«. Sie können, im Gegensatz zum Menschen, visuell wahrgenommene Gegenstände weder manuell nachbilden noch abzeichnen.

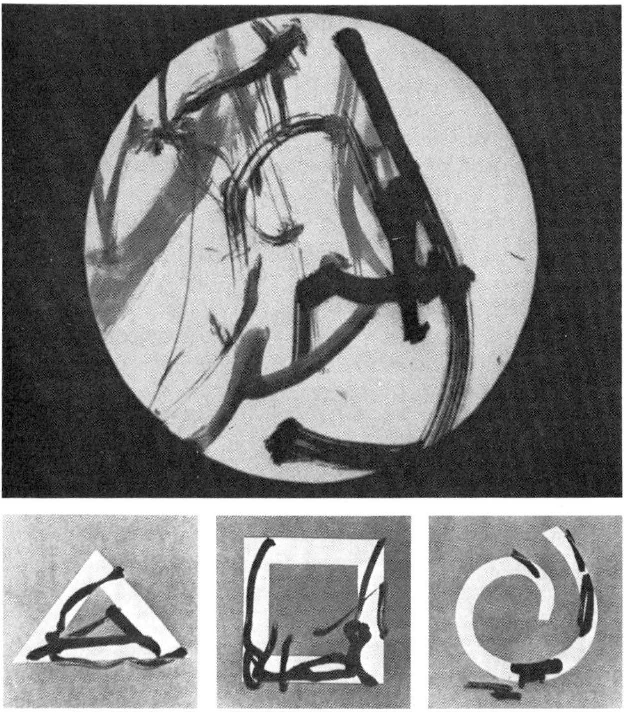

a)

b)

Abb. 36: Malversuche bei Affen. a) Nicht andressierte Malerei eines Kapuzineraffen auf einem kreisförmigen Blatt, b) Nachfahren vorgegebener weißer Muster durch eine junge Schimpansin (die Form des Musters wird offensichtlich erfaßt und beeinflußt die Malbewegung).

6. Erkunden, Neugier und Spielverhalten

Bei vielen höheren Säugetierarten schiebt sich zwischen frühe Kindheit und Erwachsenenalter ein Verhaltensabschnitt ein, in dem das Tier seine Umwelt durch Herumstreifen kennenlernt (**Erkundungsverhalten**). Hunde, die neu in eine Familie aufgenommen werden, laufen anscheinend planlos um das Haus, suchen den Garten ab, beschnuppern auffallende Gegenstände und versuchen, bewegliche Dinge mit dem Maul herumzutragen. In der jetzt vertraut gewordenen Umgebung werden neue Dinge ohne biologische Notwendigkeit gezielt aufgesucht und untersucht (**Neugierverhalten**). Kolkraben behandeln jeden in der vertrauten Umgebung neu entdeckten Gegenstand als Feind. Das Tier nähert sich zunächst vorsichtig, entfernt sich dann wieder, greift schließlich an, hackt auf den Gegenstand ein oder trägt ihn weg. Ein Orang-Utan-Kind, dem man einen Feuerwehrhelm neben die Futterschüssel legte, ging zunächst vorsichtig erkundend auf das neue Objekt zu, berührte es behutsam mit den Händen, kratzte daran und zog sich wieder zurück. Nach erneuter Annäherung schubste er den Helm weg. Dieser fiel auf seine gerundete Oberseite und bewegte sich rhythmisch. Danach setzte sich das Tier in den Helm und begann zu schaukeln, stülpte anschließend den Helm um, um sich darunter zu verstecken.

Beim Neugierverhalten werden Tiere von neuen Objekten angezogen und lösen sich wieder von ihnen. Diese Fähigkeit zur **Distanzierung** ist typisch für das neugierige Erkunden und die Voraussetzung für die Auseinandersetzung mit neuen Dingen. Das neugierige Erkunden der Umwelt geht fließend in das **Spielen** über. Diesem liegt eine **Spielappetenz** zugrunde, die jeder Hundehalter bestätigen kann, der die Aufforderungshandlungen oder Gebärden seines Hundes zum Spielen beobachtet. Im Spiel werden angeborene als auch erlernte Anteile ohne Bezug zum Ernstfall in freier Kombination eingesetzt. Nur so ist es verständlich, daß z.B. bei jungen Katzen, die mit einem Wollknäuel spielen, die Verhaltensweisen des Beutefangs: Anschleichen, Sprung, Fangen der Beute, Zubeißen, Flucht und Kampf in beliebiger Reihenfolge abwechseln. Angeborenes Verhalten kann sich beim Spiel auch abwandeln. Junge Hunde beißen beim Angriffsspiel nicht echt zu, und spielende Katzen strecken beim Fangschlag mit der Pfote keine Krallen aus. Dem Spiel fehlt damit der *spezifische Bezug zum Ernstfall*, bei dem die entsprechenden Antriebe aktiviert sind. Eine einmal angelaufene Handlung, z.B. die des Beutefangs, läuft im Ernstfall vollständig ab.

Im Spiel können die Tiere neue Praktiken entdecken, die sie als **Spielmoden** längere Zeit beibehalten. Bei Sperlingen wurde beobachtet, daß sie kleine Steinchen vom Boden aufpicken und sie vom Rand eines Daches unter ständigem Nachblicken zu Boden fallen ließen. Bei Bewegungsspielen erproben z.B. Säugetiere eigene Bewegungsmöglichkeiten. Durch vielfache Abwandlungen der Bewegungsfolgen werden neue Formen der Bewegung entdeckt, die zum Erlernen von Purzelbäumen, seitlichen Rollen, Überschlägen und anderen Bewegungsfiguren führen. Auch das Nachahmeverhalten der Jungtiere kann in das Spiel einbezogen werden. Die Jungtiere erlernen dabei viele Verhaltensweisen der Eltern. Bei höher entwickelten Säugetieren ist die Spielphase mit ihrer Vielfalt an Verhaltensweisen sehr ausgeprägt, obwohl dies dem Tier keinen augenblicklichen Nutzen bringt. Doch werden im Spiel nützliche und anwendbare Erfahrungen für das künftige Leben gesammelt.

Aufgaben zu Abschnitt 4–6

1. Welche Formen des Lernens beruhen auf dem Prinzip von Belohnung und Strafe? Beschreiben Sie kurz diese Lernformen.
2. Ein Hund sondert bei der Nahrungsaufnahme aus den Speicheldrüsen automatisch Speichel ab. Durch Bildung eines bedingten Reflexes kann die Speichelsekretion auch durch ein Glockenzeichen ausgelöst werden. Läßt man das bei der Bildung des bedingten Reflexes fixierte Tier frei, dann springt es auf die Glocke zu und bettelt sie um Futter an. Was für ein Vorgang liegt diesem Verhalten zugrunde? Begründen Sie die Antwort.
3. Um Lernen zu können, müssen einige Voraussetzungen gegeben sein. Welche sind diese?
4. Welche Folgerungen kann man aus der Existenz eines Kurz- und Langzeitgedächtnisses für die Praxis des Lernens beim Menschen ziehen?
5. Wodurch unterscheidet sich das Lernen von bedingten Reflexen vom Lernen bedingter Aversion?
6. Prägung ist ein obligatorischer Lernvorgang. Was kennzeichnet diese Form des Lernens gegenüber anderen Lernvorgängen?
7. Wie ist das Zählvermögen von Tieren zu beurteilen?
8. Was kennzeichnet das Neugier- und Spielverhalten der Tiere und welche Bedeutung hat dieses Verhalten?
9. Gestaltbildungsprozesse treten auch schon bei Tieren auf. Welche Hinweise gibt es dafür?
10. Welches Verhalten ist für den Handlungsablauf beim einsichtigen Verhalten der Affen kennzeichnend?
11. Von einsichtigem Verhalten spricht man beim Menschen und Affen. Nennen Sie mögliche Unterschiede zwischen dieser Verhaltensform beim Menschen und Affen.
12. Welche Leistungen sind bei Affen zu beobachten, die bisher als ausschließlich spezifische Leistungen des Menschen betrachtet wurden?

7. Sozialverhalten der Tiere

7.1 Vergesellschaftung

Soziales Zusammenleben findet man bei fast allen höher organisierten Lebewesen. Die einfachste Form der Vergesellschaftung ist die Ansammlung **(Aggregation)** mehrerer Individuen der gleichen Art an bestimmten Orten. Stare vereinigen sich zu Schlafgemeinschaften an geschützten Orten, Seevögel brüten zusammen an schwer zugänglichen Vogelfelsen, Fledermäuse überwintern in größeren Gruppen in geschützten Höhlen.

Bienen, Ameisen und Termiten bilden sog. »Staaten«. Die Einzelindividuen schließen sich aufgrund angeborener Verhaltenstendenzen, gemeinsamer Abstammung und sozialer Signale (Nestduft, soziales Füttern) zusammen. Innerhalb eines solchen **geschlossenen anonymen Verbandes** bildet sich eine differenzierte Arbeitsteilung aus. Derartige Verbände bilden unter den Säugetieren auch die Ratten. Die Geschlossenheit des Verbandes wird durch den »Verbandsduft« gewährleistet.

Viele Heuschrecken-, Fisch-, Vogel- und Huftierarten schließen sich zu **offenen anonymen Verbänden** zusammen. Die Sozialpartner kennen sich nicht persönlich und sind austauschbar. Zur Festigung des Verbandes genügen grobe Signale des Artbildes (»Uniform«) sowie besonders überindividuelle »Abzeichen« wie bestimmte Farbflecken auf den Flossen von Fischen, Streifen der Zebras, Spiegel der Rehe u. a.

Rabenvögel, Gänse, Enten, Wölfe, Löwen, Elefanten, Affen u. a. bilden innerhalb der Art zusammengehörige Gemeinschaften. Die Individuen eines solchen **individualisierten Artverbandes** kennen sich persönlich. Das Kennenlernen beruht auf Einprägung von persönlichen Merkmalen (Geruch, Stimme, Aussehen) eines Individuums, die mit den allgemeinen Merkmalen des Artbildes kombiniert werden. Die innerartlichen Verbände sind klein und überschaubar und werden je nach Individuenzahl und Tierart als Horde, Rudel, Gruppe, Clan, Sippe, Großfamilie oder Familie bezeichnet.

Die Form der sozialen Bindung ist neben angeborenen Dispositionen auch vielfach von Außenfaktoren bestimmt. Viele Buntbarsche, Graugänse, Kolkraben, Tauben, Papageien. Biber, Wale, Schakale und Gibbons leben unabhängig von Außeneinflüssen in einer **monogamen Dauerehe**, die auf persönlicher Kenntnis des Partners beruht. Der Storch führt eine **monogame Ortsehe**, weil

Männchen und Weibchen unabhängig voneinander mit dem gleichen Nest »verheiratet« sind. Sie treffen sich daher jedes Jahr am gleichen Ort. Ein Storchenmännchen läßt es zu, daß seine Gattin von einer Rivalin vertrieben wird, anschließend nimmt es die neue Nestgenossin als Weibchen an. Zaunkönige leben in einem nahrungsreichen Revier stets **polygam** mit mehreren Weibchen zusammen. Die Jungen werden nur von den Weibchen versorgt. In nahrungsarmen Revieren ist der Zaunkönig monogam und pflegt gemeinsam mit dem Weibchen die Jungen. Männliche Gnus haben in trockenen, nahrungsarmen Savannen nur ein Kurzzeitrevier und leben nomadisierend in großen Herden. In feuchten Gebieten mit genügend Nahrung sind die Tiere seßhaft. Die Männchen haben aneinandergrenzende Dauerreviere mit eigenen kleinen und ortstreuen Mutter-Kind-Herden.

Der Ursprung solcher Gemeinschaften beruht auf einer *Appetenz nach der Nähe des Artgenossen* **(soziale Attraktion)**. Daraus ist zu folgern, daß dem Zusammenschluß zu Sozietäten eine angeborene Disposition zur Geselligkeit zugrunde liegt. Selbst Einzelgänger wie Katzen, die als Jungtiere zusammen mit Ratten aufgezogen wurden, nahmen Ratten als Spielgefährten an und verteidigten diese gegen Angriffe anderer Artgenossen.

Die Vorteile der Geselligkeit liegen im **Schutze** des Einzelnen begründet. Ein von einem Fischschwarm abgesprengtes Tier sucht sofort wieder den Schwarm auf. Der Schwarm schützt den Einzelnen vor dem Gefressenwerden, da ein Raubfisch nahe an die Beute herankommen muß um sie zu fixieren. Durch dauernden Ortswechsel des Einzelnen im Schwarm wird diese Fixierung und damit das Ergreifen der Beute erschwert. Schwärme der Stare oder Rabenvögel attackieren einen angreifenden Greifvogel gemeinsam. Diese **Verteidigungsreaktion** ist ein weiterer Vorteil der Geselligkeit. In einer Gruppe kann **Arbeitsteilung** die Sicherheit des Überlebens erhöhen. Eine Teilgruppe schützt den Verband, eine andere jagt Beute, und eine dritte kümmert sich um die Jungen. In einer Sozietät kann sich auch eine neue lebenserhaltende »Erfindung« eines Tieres durch **Traditionsbildung** rasch ausbreiten und damit arterhaltend wirken (S. 76).

Den Antrieb erhält das soziale Zusammenleben aus der Bindung über die *Schutzsuche* und die *Brutpflege*. Der Artgenosse bietet in Gefahrensituationen Sicherheit und Schutz. Diese Art der Bindung entspringt damit einer Fluchtmotivation, wobei die bei der Fluchtstimmung aktivierte Appetenz nach Geborgenheit eine große Rolle spielt.

Höher organisiertes **Sozialleben** ist immer aus Brutpflegebeziehungen innerhalb familiärer Verbände entstanden. Hinweise dafür findet man z. B. bei baumlebenden Affen (Schimpansen, Gorillas). Sie sind Tagtiere und müssen sich in ihrer Aktivität auf Gehirn, Lernen und Raumsehen verlassen können. Das Verhalten ist stark umweltabhängig. Lernen und Erfahrung treten in den Vordergrund und drängen die angeborenen Verhaltensweisen zurück. Das Umherschweifen bedingt, daß die Jungen stets von der Mutter mitgetragen werden. Diese Art der Jungenbetreuung führt zur Bildung eines ununterbrochenen Körperkontaktes sowie zur dauernden Aufmerksamkeit der schützenden, nährenden, warnenden und pflegenden Mutter. Die Betreuung wird sehr lange aufrecht erhalten, da die Jungen sich langsam entwickeln. Während dieser Zeit erlernen sie von der Mutter und von erfahrenen Gruppenmitgliedern das artgemäße und anpassungsfähige Verhalten. Damit werden die Jungen vom Sozialverband abhängig. Ohne ihn können sie nicht existieren. Außerdem haben die Jungtiere einen angeborenen Drang zum Artgenossen, d. h. zu allem, was nicht abweist und Schlüsselreize auf angeborene Reaktionen bietet. Die Bindung der Männchen erfolgt indirekt über das Bewachen und Beschützen der Familie sowie über Handlungen, die zur Abgrenzung der eigenen Gruppe gegen andere Gruppen führt. Kennzeichnend für das Sozialleben im individualisierten Verband ist die gegenseitige Bindung der Mitglieder des Sozialverbandes, die zur engen Zusammenarbeit und zur gegenseitigen Unterstützung der Einzelindividuen führt. Dies führt dazu, daß oft das Einzelindividuum unter Rückstellung des eigenen Vorteils und oft sogar der eigenen Fortpflanzung zum Gesamtwohl der sozialen Gruppe beiträgt. Dieses **altruistische Verhalten** der Einzelindividuen nützt allen Mitgliedern und Nachkommen und stellt damit einen Selektionsvorteil dar. Die Uneigennützigkeit soziallebender Tiere hat sich vorwiegend in Familienverbänden entwickelt, weil bei Verwandten die Wahrscheinlichkeit am größten ist, diese anlagebedingte Eigenschaft anzutreffen. Darin liegt wahrscheinlich auch der Grund für die bei Tieren wie auch bei Menschen anzutreffende Bereitschaft, Opfer für die Nachkommen zu bringen. Das uneigennützige Verhalten der Gruppenmitglieder ist auch eine Wurzel der Gruppenaggression (S. 97), denn der Vorteil altruistischen Verhaltens darf nur Gruppenangehörigen zukommen und nur in der verwandten Gruppe können sich die Anlagen für altruistisches Verhalten durchsetzen. Altruistisches Verhalten des Einzelnen kann sich somit nur in Gruppen entwickeln. Es fördert damit die Gruppenbildung, den Gruppenzusammenhalt, den Gruppenegoismus und die Gruppenaggression.

7.2 Soziale Verständigung (Kommunikation)

Für die Erhaltung eines individuellen Artverbandes ist es notwendig, daß sich die Mitglieder des Artverbandes untereinander durch Mitteilungen verständigen können. Dies geschieht durch Übermittlung angeborener und situationsgebundener Zeichen (Signale). Mit diesem **starren Codesystem** werden überwiegend Erregungslagen (Stimmungen) kundgegeben, aber keine individuellen Erfahrungen erfaßt. Demgegenüber ist die menschliche Sprache ein **variables Kombinationssystem**, das mittels symbolischer Zeichen die Dinge benennt. Dadurch können Aussagen über die Umwelt gemacht und individuelle Erfahrungen von Generation zu Generation weitergegeben werden.

7.2.1 Verständigung durch ritualisierte Verhaltenselemente

Viele kommunikativ wirkende Signale entstehen durch **Ritualisierung**. Darunter versteht man die Übernahme von Instinktbewegungen eines Verhaltensbereiches in ein anders Verhalten mit *Signalfunktion.*

Das folgende Beispiel erläutert diesen Sachverhalt: Beim Fortpflanzungsverhalten des Stichlings (S. 32) lassen sich die Instinktbewegungen, die auf einen Schlüsselreiz folgen, auf wenige Bewegungsfiguren zurückführen: Senkrechtstellen beim Ausheben der Nistgrube, schnelles Wegschwimmen bei der Flucht vor einem Artgenossen und direktes Zuschwimmen beim Angriff sowie Zubeißen beim Rivalenkampf.

Betrachtet man das gesamte Verhaltensrepertoire bei der Wechselwirkung mit Artgenossen, dann läßt sich eine erheblich größere Mannigfaltigkeit an Verhaltensweisen aufzeigen: Senkrechtstellen bei der Drohhaltung, Zickzacktanz (Flucht und Angriff im Wechselspiel), Schnauzentriller u.a. Das Androhen von Rivalen durch Senkrechtstellen kann aus dem Verhalten des Nistgrubeaushebens abgeleitet werden. Wenn ein Stichlingsmännchen in das Revier eines anderen eindringt, dann greift der Revierbesitzer nach Einnehmen der Drohhaltung an, um den Rivalen zu verjagen. Wenn man durch eine Attrappe dem Revierbesitzer demonstriert, daß der Rivale sich nicht vertreiben läßt, ergreift der Revierbesitzer die Flucht und versteckt sich hinter Wasserpflanzen. Bevor er nach einiger Zeit wieder angreift, beobachtet man, daß er sich plötzlich vor dem Angriff senkrecht nach unten stellt, als wolle er eine Nistgrube ausheben. Der aktivierte Flucht- und Angriffstrieb führen zu einem Triebkonflikt, der sich in einer Übersprunghandlung (S. 42) äußert. Im Laufe der Stammesentwicklung hat sich dieses Übersprunggraben, sofern es nur oft genug und mit demonstrativem Einschlag auftrat, zu einem optischen Signal für Drohhaltung entwickelt. Das neue Signal entstammt damit dem Nestbauverhalten.

Viele der durch Ritualisierung entstandene Signale entstammen den Verhaltensbereichen der Brutpflege, des Angriffs, dem Verhalten der Jungtiere und dem Sexualverhalten. Die Ritualisierung erweitert damit das Register angeborener Schlüsselreize. Dies ist biologisch sinnvoll, da im Sozialverband neue Situationen (gemeinsame Jagd, Pflege der Jungen, Abwehr von Gruppenfremden u. a.) mitteilbar gemacht werden müssen.

Durch Vergleich nahe verwandter Tierarten kann die **schrittweise Ritualisierung** einer Instinktbewegung verfolgt und homologisiert werden. Ein Beispiel dafür ist die Instinkthandlung des Hetzens bei weiblichen Entenvögeln (Abb. 37).

Bei Brandenten droht das Weibchen in Anwesenheit des Männchens mit vorgestrecktem Hals direkt auf einen männlichen Gegner. Das erwählte Männchen reagiert darauf mit einem Angriff auf

a)

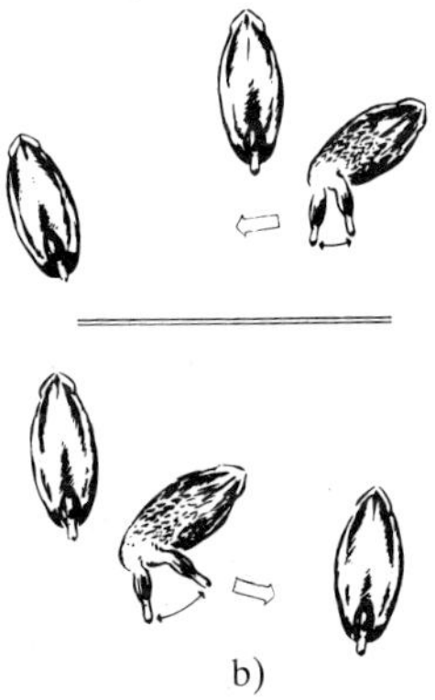

b)

Abb. 37 Hetzen der Enten. a) Das Brandentenweibchen (rechts) droht gegen ein benachbartes Paar, b) die Stockente droht über die Schulter zurück. Weitere Erläuterungen im Text.

den Gegner, um ihn zu vertreiben (menschlich ausgedrückt würde das weibliche Verhalten dem Männchen signalisieren: »Vertreibe mir den Feind!«). Bei Rostenten droht das Weibchen, die Brust dem Gatten zugewandt, über die Schulter weg nach hinten den Rivalen an, ohne daß das Männchen darauf reagiert. (»Auf dich vertraue ich«, könnte die Geste heißen.) Das Weibchen der Stockente droht mit der Brust am Gatten in rhythmischen Bewegungen des Kopfes nach hinten über die Schulter hinweg, worauf die Balzbewegung des Männchens einsetzt (Bedeutung: »Ich liebe dich«). Das Weibchen der Schellente droht in gleicher Weise wie die Stockente in Anwesenheit des Männchens, ohne daß ein rivalisierendes Männchen in der Nähe ist (Bedeutung: »Ich will dich heiraten«). Darauf antwortet das Männchen mit Balzbewegungen. Das Hetzen als ursprüngliche Drohgebärde hat sich hier zu einer selbständigen Handlung für die Balz entwickelt.

Ritualisierte Signale sind so gekennzeichnet:
Angeborenes Verhalten wird durch Funktionswechsel in einem anderen Verhaltensbereich zu einem neuen sozialen Signal. Die neuen Auslöser entstehen stammesgeschichtlich aus Übersprunghandlungen und Intentionsbewegungen.
Ursprüngliche Instinktbewegungen verändern sich in ihrer Form, indem sie mimisch oder akustisch übertrieben werden. Mehrmalige Wiederholung und gerichtetes Aussenden auf den Partner erhöht ihre Wirkung als Signal.
Die ritualisierte Instinktbewegung wird verselbständigt und gewinnt dadurch die Bedeutung einer neuen eigenständigen Instinktbewegung mit eigener Appetenz und eigenem AAM.

7.2.2 Verständigung durch angeborenes Verstehen mimischer Äußerungen und Gestik

Besondere Signalwirkung kommt den **Gesten** und **mimischen Ausdrucksformen** zu, wie sich z.B. bei Affen beobachten läßt (Abb. 38). Sie drücken die eigene Stimmung aus und werden vom Partner angeborenermaßen verstanden. Wohlbehagen wird durch die menschenähnliche Mimik des Lachens ausgedrückt, das von entsprechenden Lauten begleitet ist. Schmerz erkennt man an einem breiten Öffnen des Mundes. Bei zorniger Erregung sträubt sich das Gesichtshaar, während beim scharfen Beobachten die zusammengepreßten Lippen gespitzt werden. Langeweile und Unbeteiligtsein wird durch Gähnen dokumentiert. Traurige Stimmung

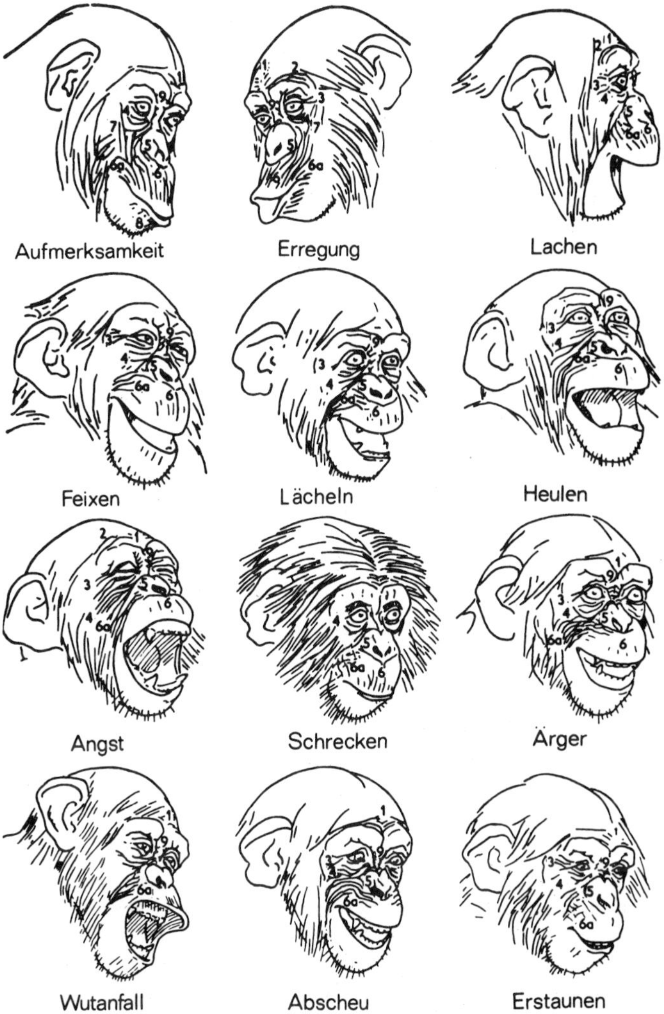

Abb. 38: Mimik eines jungen Schimpansen bei verschiedenen Stimmungen. Die Zahlen in den Gesichtern bezeichnen verschiedene Gesichtspartien, um zu zeigen, daß jede Gesichtsfalte an verschiedenen mimischen Ausdrücken beteiligt sein kann.

wird durch senkrechte Falten auf der Stirn ausgedrückt. Kommunikative Gesten, die Befehle wie »Halt«, »Komm her«, »Geh schnell an mir vorbei« ausdrücken, werden mit ähnlichen den Menschen vertrauten Gesten der Hand kundgetan. Auf eine von fern entdeckte Gefahr wird mit ausgestrecktem Arm und Zeigefinger hingewiesen.

Auch beim Menschen ist ein angeborenes Verständnis für **mimische Gesichtsausdrücke** nachweisbar. Die Mimik des freundlichen Lächelns versteht jeder. Zorn und Wut sind an den herabgezogenen Mundwinkeln sichtbar, während gespannte Aufmerksamkeit durch Zusammenkneifen der Lippen, Anspannen der Gesichtsmuskeln und durch geringe Seitwärtsdrehung des Kopfes ausgedrückt wird. Ein Hinweis für die angeborene Ansprache auf mimische Ausdrücke ist die **Mißdeutung** tierischer Gesichter durch den Menschen (Abb. 39). Der Gesichtsausdruck des Kamels erscheint

Abb. 39: Tierische Physiognomie und ihre falsche Einschätzung durch den Menschen. Erläuterungen im Text.

uns hochmütig oder verächtlich, weil die Nasenlöcher höher liegen als die Augen und der Mundwinkel leicht herabgezogen ist. Diese Merkmale sind auch für die Gebärde der hochmütigen Abweisung beim Menschen typisch. Sie ist eine mimisch übertriebene Abweisungsbewegung gegen die vom Gegner ausgehenden Sinnesreize. Der Steinadler vermittelt den Eindruck mutiger Entschlossenheit. Die Augen sind wie von buschigen Augenbrauen überdacht, der Schnabelwinkel ist eng geschlossen und nach hinten gezogen.

7.2.3 Sprachähnliche Kommunikation bei Affen

Schimpansen können sich untereinander durch Mimik oder Gestik verständigen. Die Verständigung bezieht sich aber nur auf Ereignisse, die für die Sozietät von Belang sind, wie z.B. Feind in Sicht, Angriff auf fremde Artgenossen usw. Darüber hinaus haben Schimpansen ein feines Unterscheidungsvermögen für Gegebenheiten der Umwelt wie Formen, Farbe und Konstellation von Gegegenständen. Diese werden aber nicht mit bestimmten Signalen (Bewegungen, Lautäußerungen) bezeichnet. Es gibt nun Hinweise, daß Schimpansen in der Lage sind, Veränderungen in der Natur wie Dämmerung, Sturm, Regen oder die einzuschlagende Marschrichtung eines Affentrupps mitzuteilen. Über die Form der Mitteilung ist bisher noch nichts bekannt.

In einem Zoo wurde beobachtet, wie Schimpansen spontan eine Pantomime aufführten. Sie verspeisten mit allen dazugehörigen Bewegungen eine nichtvorhandene Mahlzeit mit nichtvorhandenem Eßbesteck. Daraus ist zu vermuten, daß die Tiere in der Lage sind, sich Bilder und Vorstellungen von ungesehenen Dingen zu machen und diese durch symbolische Gesten auch mitteilen zu können. Dieses Vermögen ist einer **sprachähnlichen Kommunikation** ohne Worte gleichzusetzen.

Um das Mitteilungsvermögen von Schimpansen im Sinne einer Benennung zu prüfen, wurde vom Forscherehepaar GARDNER dem Schimpansenweibchen *Washoe* die amerikanische Taubstummensprache gelehrt, deren Handzeichen Worte und nicht Buchstaben bedeuten. Im Verlauf von 22 Monaten beherrschte das Tier 34 Zeichen fest und konnte sie bestimmten Begriffen zuordnen und diese auch durch Zeichen mitteilen. Der Begriff »süß« wurde durch das Berühren der wackelnden Zungenspitze mit dem Zeigefinger repräsentiert und immer dann signalisiert, wenn das Tier nach der Mahlzeit einen Nachtisch wollte oder wenn es ein Bonbon begehrte. Trinken wurde durch Berühren des Mundes mit dem von der Faust abgespreizten Daumen angedeutet und für die Begriffe Wasser, Medizin und Limonade verwendet. Limonade wurde vielfach mit »süß« kombiniert. Die Schimpansin konnte einem Beobachter durch Zeichen mitteilen, was sie auf einem Bild sah. Sie kombinierte auch selbständig Zeichen zu Mehrwortsätzen, z.B. öffnen – essen – trinken, wenn sie andeuten wollte, daß der Kühlschrank geöffnet werden sollte.

PREMACK gelang es, die Schimpansin *Sarah* zu lehren, daß Plastikstücke (= Worte) von bestimmter Form und Farbe einem bestimmten Objekt, einer Tätigkeit, einer Eigenschaft oder einem

Pronomen zugeordnet sind (Abb. 40). Das Tier lernte längere Kombinationen von Plastikstücken, in welchen die Reihenfolge die Bedeutung der Gesamtkombination (= Satz) bestimmt. Es beantwortete z. B. folgenden aus Plastikstücken gelegten »Satz« richtig: Sarah – legen – Banane – Eimer – Apfel – Schüssel. Dies bedeutete: Sarah lege die Banane in den Eimer und den Apfel in die Schüssel. Die Versuche zeigen, daß Affen die geistige Fähigkeit besitzen, **nichtverbale Mitteilungen** zu machen, die einer sprachähnlichen Kommunikation entspricht. In der Natur nutzen sie diese Fähigkeit

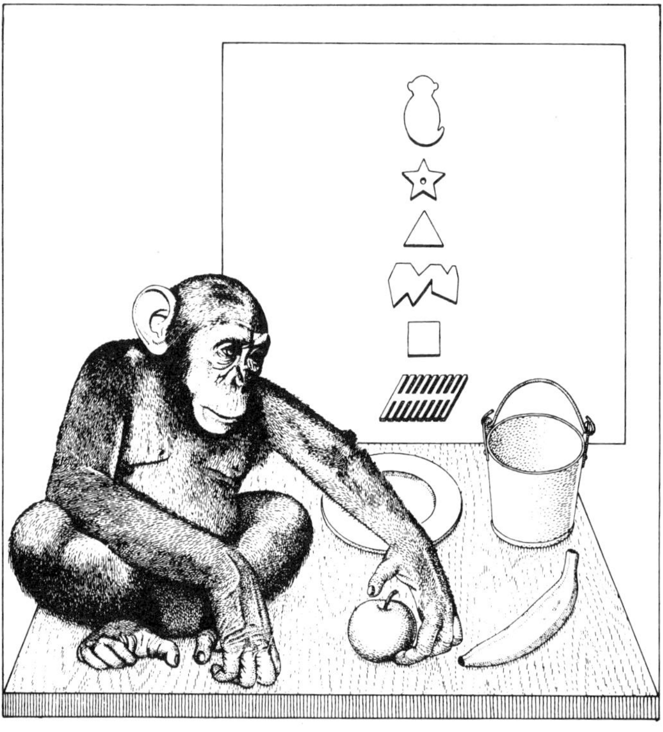

Abb. 40: Sprachähnliche Kommunikation der Schimpansin Sarah. Auf der Tafel steht – von oben nach unten gelesen – der aus Wortsymbolen formulierte Satz: Sarah – legen – Apfel – Eimer – Banane – Schüssel. Das Tier handelt gemäß der gegebenen Anweisung, nachdem es zuvor mit den verwendeten Wortsymbolen eingehend vertraut gemacht wurde. Es versteht also nicht nur die Wortbedeutung, sondern auch die Sinnstruktur des Satzes.

wahrscheinlich nicht. Im sozialen Zusammenleben wird das reichhaltige Repertoire an Ausdrucksformen nur dazu verwendet, das Verhalten der Partner untereinander zu regeln oder Mitteilungen zu machen, welche die unmittelbaren Lebensbedürfnisse betreffen.

7.3 Territoriales Verhalten (Revierverhalten)

Viele einzeln oder in Gruppen lebende Tiere grenzen sich in ihrem Lebensraum ein bestimmtes Territorium **(Revier)** ab, das sie gegen eigene Artgenossen oder Fremde verteidigen. Angriffsfreudigkeit und Kampfkraft sind im eigenen Territorium erhöht und nehmen von der Grenze des Territoriums nach der Mitte hin zu. Starke Artgenossen in einem fremden Territorium können daher von einem unterlegenen Tier im eigenen Territorium in die Flucht geschlagen werden. Dieses angeborene Verhalten bewirkt, daß vorgegebene territoriale Verhältnisse stabilisiert werden. Das Territorium sichert den betreffenden Tieren ihren Nahrungsraum sowie ihre Brut-, Schlaf- und Zufluchtsstätten. Bei paarbildenden Tieren (z.B. Gibbons) wird das Territorium von Männchen und Weibchen verteidigt. Wölfe, Mantelpaviane und Rhesusaffen, die in größeren Gruppen leben, verteidigen ihr Territorium gemeinsam gegen Gruppenfeinde der eigenen Art.

Die Struktur des Territoriums ist artspezifisch (Abb. 41). Es umfaßt bevorzugte Ruhestätten (Heime), Orte der Nahrungsaufnahme, des Komfortverhaltens (Putzen, Baden, Suhlen), der Balz u.a. Diese Orte sind durch ein verzweigtes Wegenetz miteinander verbunden. Die Reviergröße ist von Tierart zu Tierart verschieden. Sie hängt von der benötigten Nahrungsmenge der betreffenden Art, von der Art der Nahrung und von der Produktivität des Territoriums ab. Selbst außerhalb des Territoriums beanspruchen die Einzelindividuen – auch solche nicht territorialer Arten – einen Freiraum um sich herum. Er heißt **Individualdistanz** bzw. **kritische Distanz.** Wenn ein Artgenosse diesen Freiraum überschreitet wird er heftig angegriffen und vertrieben. Die kritische Distanz setzt eine **kritische Grenze**. Das Überschreiten derselben führt zu einer aggressiv getönten sehr heftigen Reaktion. Sie heißt **kritische Reaktion.** Die kritische Distanz beträgt z.B. zwischen Buchfinkenmännchen 18–25 cm, zwischen Buchfinkenweibchen und zwischen beiden Geschlechtern 7–12 cm. Die kritische Distanz ist sehr variabel und weist geschlechtsspezifische, individuelle und sogar vom sozialen Rang abhängige Unterschiede auf. Die Einhaltung der kritischen Distanz kann man bei Zugvögeln (Schwalben, Staren u.a.) beobachten, die sich auf Leitungsdrähten zum Abflug sammeln und in bestimmten fast gleichen Abständen nebeneinander sitzen.

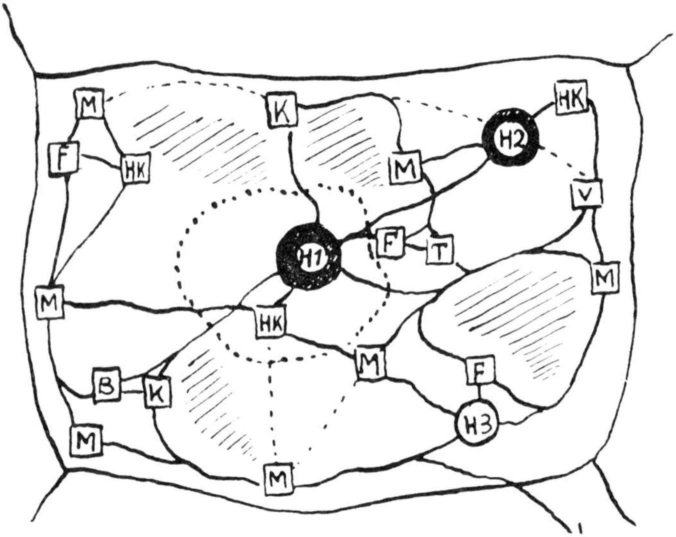

—	Territoriumsgrenze	HK	Harn- und Kotstelle
.....	Schonzone	M	Markierungsstelle
—	Wechsel	V	Vorratsstelle
----	Nebenwechsel	B	Badestelle
H 1	Heim 1. Ordnung	T	Trinkstelle
H 2	Heim 2. Ordnung	K	Stelle des Komfortverhaltens
H 3	Heim 3. Ordnung		
F	Freß-Stelle	/////	Hindernisse

Abb. 41: Schematische Darstellung eines Säugetierterritoriums.

Die Territoriumsgrenzen werden von vielen Tieren markiert. Singvögel und Löwen grenzen ihr Revier durch die Stimme ab. Es reicht so weit wie der Ruf des Revierinhabers hörbar ist und das Gehörte kein Flucht- oder Angriffsverhalten eines Artgenossen mehr auslöst. Viele Säugetiere markieren ihr Territorium durch Duftmarken. Männliche Wölfe bespritzen auffällige Landmarken mit Urin. Dachse und Marder setzen Duftmarken mit einem Sekret, das in besonderen Drüsentaschen unter der Schwanzwurzel gebildet wird.

Die biologische Bedeutung des Territorialverhaltens ist in der Nachwuchskontrolle, dem Schutz vor Feinden und in der Regulation der Bevölkerungsdichte zu sehen. Bei Tierarten, die Territorien besetzen, pflanzen sich nur die Territoriumsinhaber fort. Die Fortpflanzungsrate hängt daher von der Anzahl der Territorien ab. Bei hohem Nahrungsangebot können z. B. viele kleine Territorien, bei wenig Nahrung größere, aber weniger Territorien gebildet werden. Dadurch wird die Nachkommenzahl und die Bevölkerungsdichte in Anpassung an die Umwelt reguliert. Der bessere Schutz vor Freßfeinden ist darin zu sehen, daß diese die Jungtiere weniger häufig finden, wenn diese über eine größere Fläche verteilt sind.

Die Einengung eines Territoriums durch Übervölkerung schafft eine Situation, die besondere körperliche und psychische Anforderungen an das Einzelindividuum stellt und es aus dem Gleichgewicht bringt. Diesen Zustand nennt man **sozialen Streß**. Bei vielen Tierarten treten unter einer Streß auslösenden Einwirkung **(Stressor)** körperliche Störungen und Verhaltensänderungen auf, die tödlich wirken können.

Diese Erscheinung wurde an Spitzhörnchen *(Tupaja belangeri)* untersucht. Die Tiere ähneln einem Eichhörnchen, bilden aber eine eigene Ordnung (Tupajidae). Sie teilen einerseits anatomische Merkmale mit den Halbaffen, andererseits mit Hasentieren und Insektenfressern. Die unspezifische Erregung des Organismus durch Stressoren erkennt man bei diesen Tieren schon äußerlich am Aufrichten der Schwanzhaare. Sie bleiben als Folge der Aktivierung des sympathischen Nervensystems solange aufgerichtet wie die Erregung andauert. Wenn Spitzhörnchen in einem engen Gehege fortwährend Artgenossen um sich haben, dann können sie einander nicht ausweichen. Dies führt bei Männchen infolge bestehender individueller Rangordnungsverhältnisse **(Dominanzbeziehungen)** zu kurzen und heftigen, aber unblutigen Kämpfen. Der im Kampf Unterlegene ist bei Anwesenheit des Siegers dauernd erregt. Bei längerer Dauer dieses Zustandes sterben die erregten Tiere an Nierenversagen oder sie werden unfruchtbar. Neben diesem **soziopsychischen Effekt** wirkt auch das aggressionslose bloße Nebeneinanderleben vieler Artgenossen des gleichen Geschlechts (z. B. Weibchen) als Stressor. Dieser **Dichteeffekt** führt z. B. dazu, daß bei hoher Bevölkerungsdichte an erwachsenen Weibchen die Funktion der Milchdrüsen und die Stillfähigkeit gestört ist, die Duftdrüsen zum Markieren der Jungen scheiden kein Sekret mehr ab und die nicht duftmarkierten Jungen werden von der Mutter oder Artgenossen gefressen. Außerdem tragen trächtige Weibchen ihre Jungen nicht mehr aus. Sie werden als Embryone im Uterus aufgelöst. Dieser **Bruce-Effekt** als eine Form der Geburtenkontrolle ist von zahlreichen Tierarten (Hasen, Kaninchen) bekannt. Beim Männchen wird die Entwicklung der Hoden verzögert, oder sie wandern sogar wieder in die Bauchhöhle zurück. Durch diese Vorgänge wird die Fortpflanzungsrate soweit herabgesetzt, daß jedem überlebenden Tier die erforderliche Reviergröße wieder zur Verfügung steht.

7.4 Rangordnungsverhalten

Bei Tieren, die in Gruppen leben, bildet sich innerhalb der Gruppe eine durch Kämpfe ausgefochtene, nach Rechten und Pflichten geordnete, **hierarchische Reihenfolge** von Tieren, die sog. **Rangordnung**, aus. Der Rangordnungskampf führt nicht zur Tötung des Rivalen und wirkt auch *nicht* ansteckend auf die Artgenossen derselben Gruppe im Sinne der Stimmungsübertragung. Der im Zweikampf Unterlegene greift dann den Sieger für längere Zeit nicht mehr an, läßt ihm z. B. bei der Nahrungsaufnahme den Vortritt und erkennt ihn durch den Lernakt des Unterlegenseins als Überlegenen an. Jedes Gruppenmitglied merkt im Laufe der kämpferischen Auseinandersetzung, wer ihm überlegen oder unterlegen ist und richtet danach sein künftiges Verhalten ein. Diese Sozialstruktur wurde erstmals an Hühnern untersucht. Junghühner erkämpfen etwa im Alter von 7 Wochen ihre Rangordnung durch gegenseitiges Hacken **(Hackordnung).** Die Ordnung besteht darin, daß das ranghöchste Huhn **(Alphatier)** alle rangniederen hackt, während das rangniederste Tier **(Omegatier)** von allen gehackt wird. Neben linearen Rangordnungen gibt es auch verzweigte (Abb. 42).

Bei freilebenden Gruppen ist die **Gruppenstruktur** sehr vielfältig. Einer Pavianherde steht ein älteres Männchen vor, das durch sein Altersprachtkleid besonders auffällt. Ältere Männchen, jüngere Männchen und Weibchen bilden unter sich Gruppen, innerhalb deren eine Rangordnung herrscht. Wölfe bilden innerhalb der Männchen und Weibchen getrennte Rangordnungen aus; das jeweilige ranghöchste Männchen und ranghöchste Weibchen bilden ein Paar.

Voraussetzung für die Bildung einer Rangordnung ist neben der Durchsetzungsfähigkeit des Ranghöchsten auch die Fähigkeit der Untergeordneten, diese Ordnung durch einen Lernprozeß anzuerkennen. Das ranghöchste Tier wird nicht nur durch seine Kampf-

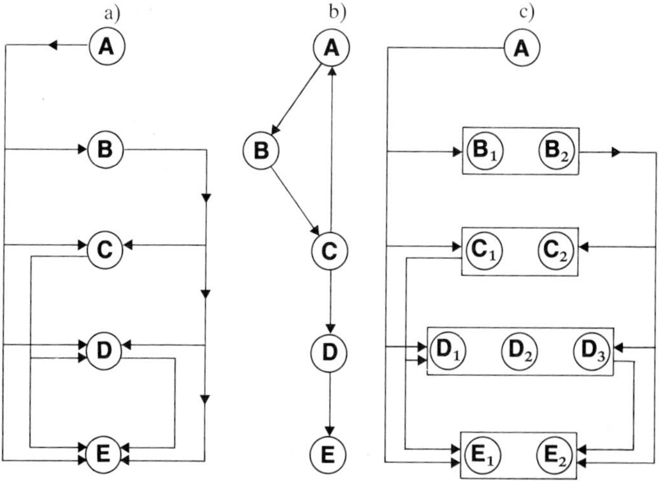

Abb. 42: Schematische Darstellung verschiedener Rangordnungen. a) Lineare Rangordnung, b) lineare Rangordnung mit Dreiecksverhälntis (C dominiert über A und D). c) wenig gegliederte Rangordnung innerhalb von Untergruppen.

bereitschaft, Größe und Körperkraft als dominantes Tier anerkannt. Bei Vögeln und Säugetieren muß das Alphatier auch *soziale Eigenschaften* besitzen. Es muß fähig sein, Freundschaften mit anderen rivalisierenden Gruppen zu schließen, Junge zu betreuen, die Herde zu beschützen und Streit zwischen rangniederen Tieren zu schlichten. Bei Rhesusaffen hängt der Rang davon ab, inwieweit Männchen mit rivalisierenden Gruppen Freundschaften schließen können. Ranghöhere Dohlen verhalten sich gegenüber rangtieferen verträglich, während sie gegen ranggleiche Artgenossen äußerst angriffslustig sind. Sie schlichten auch den Streit von Rangtieferen, wobei sie immer das ranghöhere Tier der beiden Streitenden angreifen. Das ranghöchste Tier hat durch seine Rangstellung gegenüber dem Rangniederen auch soziale Vorteile: Vorrang bei der Nahrungsaufnahme, bei der Wahl eines Schlafplatzes, bei der Wahl eines Weibchens und größere Individualdistanz.

Die Rangordnung innerhalb einer Gruppe ist nicht absolut stabil. Der **soziale Status** kann oft wechseln. Rangniedere Pavianweibchen rücken in ihrem Rang innerhalb der weiblichen Rangordnung auf, wenn sie Junge haben. Bei Dohlen und Rhesusaffen erhält ein rangniederes Weibchen, das sich mit einem ranghöheren Männchen paart, die soziale Ranghöhe des Männchens. Töchter von ranghohen Rhesusweibchen werden in der Gruppe der Jungtiere nach dem Rang der Mutter eingestuft.

Die Bedeutung der Gruppenorganisation durch Rangordnung liegt darin begründet, daß die Sozietät stabilisiert wird. Jedes Tier kennt innerhalb der Gruppe seinen Platz. Darum werden Auseinandersetzungen innerhalb der Gruppe gemindert. Jedes Tier ist aufgrund seiner persönlichen Fähigkeiten über seine Stellung in der sozialen Rangordnung orientiert und kann die mögliche Reaktion des Partners einschätzen. Es erhält dadurch persönliche Sicherheit, die durch das Schutz gewährende Alphatier noch verstärkt wird.

Die mit dieser Rollenverteilung innerhalb der Gruppe verbundene Arbeitsteilung zeigt sich besonders im altruistischen Verhalten von Gruppenmitgliedern (S. 83).

7.5 Aggressionsverhalten und seine Motivationen

In der **menschlichen Psychologie** wird der Begriff Aggression bzw. Aggressitivität sehr vieldeutig verwendet. Im allgemeinen wird er im Sinne einer auf Zerstörung gerichteten Feindseligkeit gebraucht.

In der **Ethologie** versteht man unter Aggression jede feindlich getönte Auseinandersetzung mit anderen Lebewesen. Ihr liegt eine Bereitschaft (Aggressivität, Kampfstimmung) zu solchem Verhalten zugrunde. Aggressives Verhalten richtet sich sowohl gegen die eigenen Artgenossen **(intraspezifische Aggression)** als auch gegen Artfremde **(interspezifische Aggression)**.

Wie schon in den vorausgegangenen Kapiteln angedeutet, tritt aggressives Verhalten bei Tieren in den verschiedensten Verhaltenssituationen bzw. den ihnen zugeordneten Antrieben auf. Dies läßt erkennen, daß aggressive Verhaltensweisen verschieden motiviert sind. Die Motivationen werden nachfolgend kurz charakterisiert.

Aggression gegen den lebensbedrohenden Feind. Viele Beutetiere wehren sich gegen den Angreifer mit einem Gegenangriff, wenn sie auf der Flucht eingeholt oder in die Enge getrieben werden (»kritische Reaktion«, »Mut der Verzweiflung«). Das gleiche gilt bei kämpferischen Auseinandersetzungen zwischen Artgenossen.

Aggression gegen Eindringlinge in das Revier. Sie äußert sich in den Revierkämpfen all der Tiere, die ein Revier abgrenzen und verteidigen. Die Aggression ist hier an die Behauptung eines durch Lernvorgänge erworbenen Gebietes gebunden.

Aggression gegen die Gruppenhierarchie. Die Motivation für dieses Verhalten liegt darin, daß eine erreichte Rangstufe behauptet wird oder das Bestreben besteht, eine höhere Rangstufe innerhalb der Gruppe zu erreichen.

Aggression gegen den Gruppenfeind. In Gruppen lebende Tiere greifen, z. B. auf den Angstschrei eines Gruppengenossen, in einer kollektiven Aktion den Feind an. Auch Tiere, die den Angstschrei nicht gehört haben, werden aufgrund der aggressiven Gesamtstimmung der Gruppe durch Stimmungsübertragung zum Angriff aktiviert. *Gruppenaggression wirkt stimulierend und ansteckend* auf die Artgenossen der gleichen Gruppe.

Aggression gegen den Gruppenaußenseiter (Ausstoßungsreaktion). Gruppenmitglieder, die nicht dem Gruppenverhalten entsprechen oder die keine Gruppenkennzeichen zeigen, werden von anderen Artgenossen angegriffen und bisweilen getötet. Man markierte den roten Kamm eines Huhns mit einem Farbfleck. Diese geringe Veränderung löste sofort die Ausstoßungsreaktion aus. Unsicher fliegende Jungvögel werden von Altvögeln angegriffen und zum Absturz gebracht, kranke Jungtiere von Raubkatzen, die sich abnorm verhalten, werden vom Muttertier getötet. Überfütterte Jungvögel unterlassen mitunter die Sperreaktion und werden daraufhin von den fütternden Elternvögeln aus dem Nest geworfen. Im menschlichen Verhalten ist ebenfalls ein Antrieb zu Ausstoßungsreaktionen zu beobachten. Die Reaktionen richten sich oft gegen Menschen mit anderer Hautfarbe (Rassendiskrimination), anderen politischen Ansichten u. a. In abgewandelter Form zeigt sich die Reaktion gegen Menschen mit körperlichen oder seelischen Gebrechen, deren Aussehen, Sprechweise oder sonstiges Verhalten von der Norm abweicht. Sie werden offen oder versteckt verlacht, verspottet und diffamiert.

Aggression aus Frustration. Unter Frustration versteht man einen Zustand, der eintritt, wenn ein Lebewesen daran gehindert wird, ein angestrebtes Ziel zu erreichen (z. B. Versagung von Triebwünschen).

Ein Hund beißt sogar den eigenen Herrn, wenn dieser versucht, dem Tier während des Fressens das Futter wegzunehmen.

Aggressivität, d. h. Stärke, Dauer und Häufigkeit aggressiven Verhaltens, ist durch **Umwelteinflüsse** modifizierbar. Mäuse werden durch Kampferfolge bei Rivalenkämpfen aggressiver; Niederlagen hemmen ihre Aggression. Tauben lernen durch Belohnungsdressur (S. 60) nach Futterbelohnung auf einen Hebel zu hacken. Sie hacken nach Belohnungsentzug auch auf eigene Artgenossen. Auch frühkindliche Erfahrungen können die Aggressivität modifizieren. Junge Rhesusaffen, die in den ersten drei Lebensmonaten von aggressiven Müttern betreut wurden, zeigten später ein stärkeres aggressives Verhalten als solche Jungtiere, die bei friedlichen Müttern aufgewachsen waren.

Bei australischen Zebrafinken gibt es aggressive und friedliche Männchen. Diese Eigenschaft wird auf die Nachkommen vererbt. Wenn man die Jungen friedlicher Eltern, durch Stiefeltern mit aggressivem Männchen aufziehen läßt, sind auch die männlichen Jungen der friedlichen Eltern aggressiver als wenn sie bei ihren friedlichen Eltern aufgezogen worden wären.

Aggressive Reaktionen sind auch von **inneren Faktoren** abhängig. Die Transmittersubstanzen Noradrenalin und Dopamin sind bei aggressiven Reaktionen in bestimmten Hirngebieten erhöht. Bei einer medikamentösen Freisetzung dieser Stoffe im Körper erhöht sich die Aggressivität des so behandelten Tieres.

Aggressives Verhalten kann, wie die Beispiele zeigen, durch verschiedene Verhaltensbereitschaften ausgelöst werden. Bei sozial lebenden Gruppen richtet sie sich in vielen Situationen (bei Revierbehauptung, Rangstufenkampf, Ausstoßungsreaktion, Rivalenkampf bei der Fortpflanzung) gegen den eigenen Artgenossen und stellt damit ein negatives Verhalten dar, das zur Ausrottung eigener Artgenossen und damit möglicherweise der betreffenden Gruppe führen könnte. Die Frage ist, warum sich aggressives Verhalten bis herauf zum Menschen erhalten hat und nicht durch Selektion ausgemerzt wurde. Die **Vorteile aggressiven Verhaltens** zeigen folgende Überlegungen: Bei der Revieraggression verteidigt ein Einzeltier oder eine Gruppe ein bestimmtes Territorium. Dadurch werden Individuen über größere Gebiete verteilt und so die tragbare **Bevölkerungsdichte** des Gebietes geregelt.

Das aggressive Verhalten beim Aufbau und der Erhaltung einer Gruppenhierarchie gewährleistet, daß stets das stärkste und gewandeste Tier die Gruppe leitet. Dadurch wächst die **soziale Stabilität** innerhalb der Gruppe.

Beim sexuell motivierten Rivalenkampf wird eine **Individualauslese** getrieben, bei der meist das stärkste Tier zur Fortpflanzung gelangt und damit seine Erbanlagen an die Nachkommen weitergibt.

Die Frage nach einem angeborenen allgemeinen, unabhängig von motivierenden Faktoren spontan nach Auslösung drängendem und aufstaubarem Aggressionstrieb kann nach heutigen Erkenntnissen verneint werden. Aggression ist demnach als **reaktives Geschehen** aufzufassen. Außerdem gibt es bis heute keine Hinweise, daß Aggression im Leerlauf abläuft.

Bei Revier-, Rangordnungs- und sexuellen Rivalenkämpfen ist ein Drang zum Kämpfen nachweisbar. Dieser kann aufgestaut werden und besitzt eine eigene Appetenz **(»Kampfstimmung«)**. Man erkennt sie daran, daß auch dann Angriffe gegen Artgenossen gestartet werden, wenn diese durch ihr Verhalten den Angriff selbst nicht auslösen. Der nachgewiesene Aufstau von Aggression und seine Entladung bedeutet aber noch nicht Spontaneität, wie sie als Kennzeichen eines allgemeinen Aggressionstriebs gefordert wird, da Aufstau und Appetenz z. B. durch vorangegangene Erfahrungen (Erfolg beim Kampf, unterschwellige, zur Aggression motivierende Reize, die kumuliert werden) hervorgerufen werden können. Angeboren ist beim aggressiven Verhalten die Bereitschaft auf bestimmte auslösende Reize aggressiv zu reagieren, die beim aggressiven Verhalten zu beobachtenden Bewegungen (z. B. Drohbewegungen, Kampfbewegungen) und die Steuerung aggressiven Verhaltens durch Zentren des Zwischenhirns.

7.6 Aggressionstheorien

Wie komplex das Problem der Aggression ist, zeigt sich in der Vielzahl der entwickelten Aggressionstheorien.

Die **Instinkttheorie der Aggression** (dynamisches Instinktmodell der Aggression) geht davon aus, daß intraspezifische Aggressivität (S. 96) auf einem eigenständigen Antrieb mit endogener Erregungsproduktion beruht. Aggression ist demnach ein Instinkt mit allen Kennzeichen desselben: Appetenz, Schlüsselreiz, AAM und Antriebsstau mit spontan anwachsendem Bedürfnis nach Auslösung einer Instinkthandlung durch Schlüsselreize.

Aggressives Verhalten wird zwar durch Außenreize in Gang gesetzt, die aggressive Stimmung ist aber unabhängig von auslösenden Reizen. Je länger das letzte aggressive Verhalten zurückliegt, desto aggressiver handelt ein Lebewesen. Bei Aufstau der im Instinktzentrum für Aggression angesammelten Antriebsenergie können aggressive Handlungen auch im Leerlauf ablaufen. Zur Regulation solcher, durch Triebstau unkontrolliert ablaufenden Reaktionen müssen durch Erziehung und Einsicht Ventile geschaffen werden, die aggressives Verhalten in harmlosere Bahnen lenken. Solche **Ventilsitten** sind nach dieser Theorie z. B. sportliche Wettkämpfe, Wettbewerbe allgemeiner Art, soziale Betätigungen, Rededuelle usw. Für die Instinkttheorie der Aggression gibt es bis jetzt keine direkten Beweise. Bisher wurde weder ein spontan ansteigendes Bedürfnis nach aggressivem Verhalten noch eine Leerlaufreaktion nachgewiesen. Die Ansicht überwiegt, daß aggressives Verhalten ein reaktives Verhalten ist, d.h., daß für aggressive Reaktionen immer Anlässe (Motivationen) gegeben sein müssen.

Nach der **Frustrations-Aggressionstheorie** ist aggressives Verhalten durch Frustration bedingt. Unter Frustration versteht man einen Zustand, der dann eintritt, wenn ein Lebewesen daran gehindert wird, ein angestrebtes Ziel zu erreichen. Hierher gehört auch die Versagung von Triebwünschen, d.h. die Unterdrückung aller vitalen Bedürfnisse (Fortpflanzung, Ernährung, Bewegung). Frustration führt zu einer gefühlsmäßigen (emotionalen) Erregung, welche das nachfolgende Verhalten bestimmt, aktiviert und intensiviert. Der Ausweg zur Vermeidung von Aggressionen ist die **Frustrationstoleranz**, d.h. die Auslöseschwelle für aggressives Verhalten zu erhöhen oder schon anlaufende Aggressionen in neutrale Betätigungen abzuleiten. Diese Theorie zeigt zwar, unter welchen Umständen Lebewesen aggressiv handeln können, aber nicht, warum sie so handeln. Sie beschreibt daher nur eine bestimmte Form aggressiver Handlungen.

Die **lernpsychologische Theorie der Aggression** (soziale Lerntheorie) geht davon aus, daß aggressives Handeln erlernt und anerzogen ist. Aggressionsverhalten ist an Umweltbedingungen gebunden und kann daher variiert werden. Imitation aggressiven Verhaltens sowie Erfolg und Mißerfolg bestimmen das Maß der Aggressivität. Aggressionen sind durch **gewaltlose Erziehung** und durch Abbau oder Verbot von Aggressionsmodellen, wie sie z.B. in Film und Fernsehen angeboten werden, weitgehend zu verhindern. Auch Informationen darüber, daß Konflikte friedlich und gewaltlos gelöst werden können, bauen aggressive Handlungen ab. Mit dieser Theorie sind die experimentellen Befunde, daß aggressives Verhalten durch elektrische Hirnreizung ausgelöst werden kann, nicht erklärbar. Außerdem stammen die Aussagen im wesentlichen aus Tierversuchen und sind daher nicht vorbehaltlos auf den Menschen übertragbar.

Das **pluralistische Modell der Aggression** versucht die in den verschiedenen Theorien enthaltenen Gesichtspunkte wie biologisch-physiologische Komponenten, Frustrations- und Lernvorgänge, anthropologische sowie politisch-kulturelle Aspekte zu einer einheitlichen Theorie zusammenzufassen. Ausgeschlossen wird allerdings die Annahme eines autonomen, eigenständigen, durch endogene Erregungsproduktion gekennzeichneten Aggressionstriebes (S. 96). Das pluralistische Modell versucht auch die unterschiedlichen Standpunkte, die großteils aus einer vagen und uneinheitlichen Definition des Begriffs Aggression resultieren, neu zu überdenken. In diesem Modell wird Aggression als ein gegen einen Organismus gerichtetes **Ausstellen** schädigender Reize betrachtet, wobei unter dem Begriff »schädigend« beschädigen, verletzen, zerstören, vernichten, Ärger erregen und beleidigen verstanden wird. Die Spannweite der Aggression kann sich danach zwischen verletzendem Verhalten und geistigem Durchsetzungsvermögen erstrecken.

7.7 Aggressionshemmende Mechanismen

Für sozial lebende Tierarten gibt es keinen Artgenossen »an sich«, sondern nur Sozialpartner, mit denen das Einzelindividuum in engeren Kontakt tritt, z.B. als Kampfpartner, Brutpartner, Balzpartner oder Gruppenpartner. Um die innerartliche Aggression zu dämpfen oder zu verhindern, haben sich im Laufe der Stammesgeschichte Mechanismen entwickelt, die der **Aggressionshemmung** dienen. Sie richten sich nicht allgemein auf den Artgenossen, sondern nur auf den betreffenden Sozialpartner, mit dem ein Tier in persönlichem Kontakt steht.

Eine Form, aggressives Verhalten zu dämpfen, ist die **Droh- bzw. Imponierhaltung**. Dabei nimmt das Tier eine Angriffshaltung ein, ohne selbst anzugreifen. Sie kann in ritualisierter Form als Imponiergehabe einschüchternde Wirkung auf den Gegner haben, der bei entsprechender Imponierhaltung des Gegners sein aggressives Verhalten einstellt. Solche Imponierhaltungen sind von Tierart zu Tierart entsprechend ihrem Verhaltensrepertoire verschieden. Affen imponieren mit einer Vergrößerung ihres Körperumrisses durch Sträuben der Haare und seitlichem Anwinkeln der Arme, Raubtiere durch Fletschen der Zähne, gekoppelt mit der Intention zum Anspringen; Katzen drohen durch Buckeln.

Auch beim Menschen sind derartige Imponierhaltungen zu beobachten. Das Sichaufrichten vor dem Gegner, verbunden mit grimmigem Gesichtsausdruck und in die Seite gestemmten Armen vergrößert den Körperumriß und unterstreicht deutlich die Angriffsabsicht. Dieses Verhalten ist meist mit dem Auftreten einer Gänsehaut verknüpft, dem stammesgeschichtlichen Relikt des Haareaufrichtens.

Um Rivalenkämpfen, die tödlich verlaufen können, ihre negative Wirkung zu nehmen, haben sich ritualisierte Kampftechniken entwickelt, die in einer Art Tunierkampf **(Kommentkampf)** ausgefochten werden (Abb. 43). Kommentkämpfe sind bei solchen Tierarten entwickelt, die auch zu Beschädigungskämpfen fähig sind. Wenn sich zur Fortpflanzungszeit zwei rivalisierende Eidechsenmännchen begegnen, nehmen sie voreinander eine Imponierhaltung ein, indem sie mit der Breitseite und nach unten abgeknicktem Kopf aufeinander zurücken. Anschließend beißen sie sich abwechselnd so lange in den Hinterkopf, bis ein Partner die Überlegenheit des anderen anerkennt. Der Unterlegene beginnt schnell mit den Beinen auf der Stelle zu treten (»treteln«), was einer ritualisierten Flucht entspricht. Auf diese Demutsgeste hin stellt der stärkere Partner den Beißkampf ein und läßt den unterlegenen Rivalen fliehen.

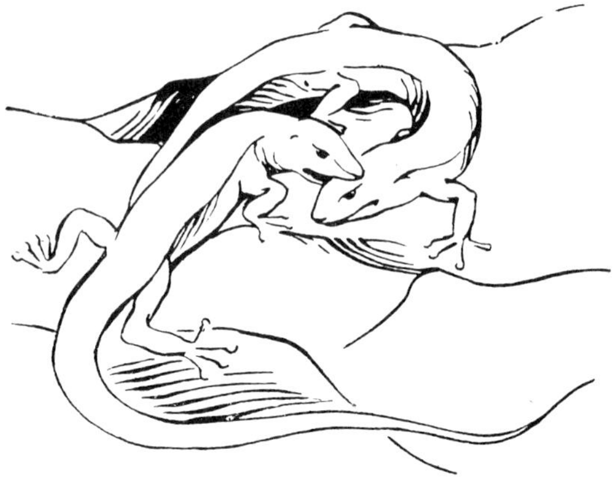

Abb. 43: Kommentkampf zwischen zwei Eidechsenmännchen.

Hunde und Wölfe tragen Rivalenkämpfe durch Beißen aus. Der unterlegene Gegner legt sich entweder auf den Rücken oder er stößt mit der Schnauze an den Mundwinkel des Rivalen und leckt daran (Abb. 44). Dieses Verhalten löst beim Rivalen eine Tötungshemmung aus und verhindert den tödlichen Biß in die Kehle. Diese Verhaltensweisen leiten sich aus dem Verhalten der Jungtiere ab und werden als **Regressionen** bezeichnet. Darunter versteht man in der menschlichen Psychologie Rückfälle in kindliches Verhalten. Junge Welpen fordern mit der Rückenlage und Harnabgabe die Mutter zu Körperpflegehandlungen auf, mit dem Schnauzenstoß betteln sie die Mutter um Futter an. Beide Verhaltensweisen dienen als regressives Verhalten bei erwachsenen Tieren in ritualisierter Form, durch Ansprechen des Antriebs zur Brutpflege, der aggressiven Beschwichtigung.

Die **Tötungshemmung** gegen Artgenossen ist bei vielen Tierarten verbreitet. Sie kann geschlechts-, alters- und stimmungsabhängig sein. Manche Fische fressen in ihrer Jugend die Jungen der gleichen Art, entwickeln aber nach der Geschlechtsreife eine Hemmung, dies weiter zu tun. Ein von einem eigenen Artgenossen in die Enge getriebenes Tier wehrt sich gegen den Angreifer, auch wenn es diesen tötet.

Abb. 44: Demutsgesten beim Wolf. a) Futterbetteln, b) passive Unterwerfung durch Rückenlage.

Die angeborene Tötungshemmung wird als **moralanaloges Verhalten** bezeichnet, weil es dem Verhalten eines Menschen gleicht, der, durch moralische Gebote bestärkt, in einer solchen Situation auch den schwächeren Partner verschonen würde.

Das **moralische Verhalten** des Menschen wird bestimmt vom Mitleid des einzelnen, das etwa der angeborenen Tötungshemmung bei Tieren entspricht und von der Wertung, die der einzelne seinem Verhalten zumißt. Die Wertung wird zusätzlich von den moralischen Vorschriften und Gesetzen bestimmt, welche die Gesellschaft, in der er lebt, übermittelt. Diese sind allerdings nicht zwangsläufig bindend für den einzelnen: Er kann entgegen der moralischen Vorschrift, Mitleid zu üben, auch töten, wenn ein Gebot der Härte besteht. Eine auf der **Entscheidungsfreiheit** des Menschen beruhende Wertung seines Handelns kennt das Tier nicht. Es handelt in jedem Falle wertfrei und nur gemäß seinem angeborenen Antrieb für sein Handeln. Die Übereinstimmung beider Verhaltensweisen besteht nur in der Funktion, die Tötung eines Artgenossen zu verhindern. Die Tötungshemmung der Tiere beruht auf einem angeborenen Mechanismus, der absolut und sicher funktioniert. Die menschliche Tötungshemmung ist überwiegend von *kulturell* entwickelten **Verhaltensnormen** (S. 134) bestimmt. Die Funktionsgleichheit beider Verhaltensweisen, die auf verschiedenen Wegen zustande kommt, berechtigt dazu, von moralanalogem Verhalten der Tiere zu sprechen.

Keine Tötungshemmung gibt es bei Tieren mit hochentwickeltem Fluchtvermögen. Eine Taube, die von einem aggressiven Artgenossen an der Flucht gehindert wird oder selbst nicht flieht, wird vom Artgenossen getötet. Auch bei sehr wehrhaften Tieren wie Löwen und Ratten, die in Gruppen oder Rudeln leben, versagt beim Kampf gegen Gruppenfeinde der eigenen Art die Tötungshemmung, da es bei der Gruppenaggression keine tötungshemmenden Signale gibt. Der Gruppengegner wird nicht als eigener Artgenosse, sondern als fremd empfunden. Die Gruppenaggression wirkt außerdem ansteckend auf die gesamte Gruppe und dient zur Verteidigung der Gruppe nach außen. Eine Eingliederung des unterlegenen Gegners in den Sozialverband ist unmöglich.

Demutsgebärden und Beschwichtigungsgebärden als aggressionshemmende ritualisierte Signale sind bei der sozialen Wechselwirkung von Partnern, bei der Paarbildung und Paarbindung weit verbreitet. Sie stammen vorwiegend aus dem Verhaltensbereich der Brutpflege, sozialen Körperpflege und dem Verhalten der Jungtiere. Die Wirkung der Demutsgeste beruht auf dem Abschalten der aggressionsauslösenden Reize; sie muß aber, um voll wirksam zu sein, zusätzlich als *Beschwichtigungsgebärde* andere Verhaltenstendenzen aktivieren. Ein unterlegener Truthahn nimmt vor dem Sieger eine Demutsstellung ein, die identisch ist mit der Paarungsaufforderung des Weibchens. Daher versucht der Überlegene den Unterlegenen oft zu begatten.

Wolf und Haushund beschwichtigen ranghohe Artgenossen durch die schon beschriebene Futterbettelbewegung. Bei Affen dient das »Lausen« dem Sozialkontakt und der Beschwichtigung gegenüber ranghohen Tieren. Dieses Verhalten ist eine ritualisierte Handlung, die sich aus der Körperpflegehandlung der Mutter ihren Jungen gegenüber ableitet. Die Bettelbewegung der Jungtiere durch Ausstrecken des Armes mit nach oben geöffneter Hand ist in ritualisierter Form die Geste der Begrüßung eines ranghohen Tieres. Sie hat sich beim Kontakt zwischen zwei rangverschiedenen Tieren zum gegenseitigen Handgeben als aggressionsdämpfende Geste entwickelt. Eine andere Beschwichtigungsgeste ist das Küssen (Abb. 45). Es entwickelte sich aus der Brutpflegehandlung bei der **Mund-zu-Mund-Fütterung** zwischen Mutter und Kind. Auch das gegenseitige Umarmen, eine Schutzhandlung der Mutter gegenüber dem Kind, kommt in ritualisierter Form bei Affen vor.

Diese Gesten (Streicheln, Umarmung, Handgeben, Küssen)

sind auch bei Sozialkontakten des Menschen üblich. Sie können ebenfalls als ritualisierte Brutpflegehandlungen aufgefaßt werden. Deutlich wird dies beim Mundkuß. Er wird als ein ritualisiertes Von-Mund-zu Mund-Füttern gedeutet. Bei einigen Naturvölkern wird diese Form der Ernährung von Kleinkindern durch Erwachsene noch heute praktiziert. Frauen, die ihre Säuglinge mit einem Löffel Breinahrung füttern, schürzen unbewußt die Lippen und öffnen dabei den Mund, als wollten sie das Kind selbst mit dem Mund füttern.

Abb.45: Verhalten bei der Partnerbindung über die ritualisierte Brutpflegehandlung der von Mund-zu-Mund-Fütterung, aus der das Küssen entstand. a) Fütterung eines Jungvogels beim Kolkraben, b) Schnäbeln der Kolkraben, c) Fütterung bei Affen, d) Begrüßungsgeste bei Affen, e) Papuamutter füttert ihr Kind, f) küssendes Paar.

Die genannten Verhaltensweisen sind wesentliche Verhaltenselemente in der *Bindungsphase des Menschen*. Sie geben einen Hinweis darauf, daß das, was wir beim Menschen Liebe nennen, über das Brutpflegeverhalten entstanden ist. Brutpflege erfordert individuelle Partnerschaft und Jungenbetreuung, die schließlich zum engen Partnerschaftsverhältnis führt.

Aufgaben zu Abschnitt 7

1. Es gibt mehrere große Kategorien des sozialen Zusammenschlusses bei Tieren. Nennen Sie diese und geben Sie für jede eine Kurzcharakteristik.

2. Welche Vorteile hat das soziale Zusammenleben und wie ist die Vergesellschaftung motiviert?

3. Welche Bedeutung hat die Ritualisierung bei Tieren und welche arterhaltende Leistung kommt ritualisierten Signalen zu?

4. Durch welche gemeinsamen Kennzeichen sind ritualisierte Verhaltensweisen bestimmt?

5. Aus welchen Verhaltensbereichen wurde bei Säugetieren die Mehrzahl ritualisierter Verhaltensweisen übernommen? Geben Sie einige Beispiele an.

6. Was versteht man unter Revierverhalten und welche biologische Bedeutung hat es?

7. Was versteht man in der Ethologie unter Aggression und welche Motivationen liegen ihr zugrunde?

8. Wodurch unterscheidet sich die Gruppenaggression von der Rangordnungsaggression?

9. Warum hat sich altruistisches Verhalten bei Tieren vorwiegend im individualisierten Verband bzw. Familienverband entwickelt?

10. Aus welcher biologischen Situation heraus hat sich bei Affen wahrscheinlich die Kontaktbindung entwickelt?

8. Biologische Grundlagen menschlichen Verhaltens

Der Ursprung des Menschen und der menschlichen Gesellschaft ist sicherlich in hochentwickelten Sozialgemeinschaften der tierischen Vorfahren des Menschen zu suchen. Denn nur in solchen Sozialgemeinschaften konnten Eigenschaften entstehen, die wir zu den Grundverhaltensweisen des Menschen zählen. In der Erörterung um menschliches Verhalten wird allerdings immer wieder die Frage gestellt, welchen Stellenwert angeborene Verhaltenstendenzen gegenüber anderen Verhaltensformen (Lernen, Einsicht, kulturell bedingtes Verhalten usw.) haben, und inwieweit das genetisch programmierte Verhalten die gesamten Verhaltensformen des Menschen mitbestimmt oder beeinflußt. Sicher ist, daß der Mensch das lernfähigste und lernbedürftigste Lebewesen ist. Daher sind bei vielen Verhaltensweisen bzw. Verhaltensprogrammen die ererbten Anteile weniger bedeutsam als die aus der Erfahrung gewonnenen Informationen. Daher beziehen sich Einwände von verschiedenen Seiten (z.B. der Soziologie) darauf, daß es beim Menschen nicht so sehr darauf ankomme, ob er noch angeborene Verhaltensformen zeigt, sondern vielmehr darauf, was aus diesen im Zusammenhang mit seiner sozialen Umwelt wird und welche gesellschaftliche Bedeutung diese Umformung hat.

Aus evolutorischer Sicht ist zu erwarten, daß angeborene, d.h. konservative Verhaltensweisen, auch das menschliche Verhalten mitbestimmen. Der Mensch besitzt aus seiner stammesgeschichtlichen Entwicklung noch Verhaltensweisen, die als ehemalige Anpassungen an konkrete Umweltbedingungen anzusehen sind. Ihre erbliche Grundlage macht es aus, daß sie die relativ rasche Entwicklung zum Kulturmenschen z.T. unverändert überdauert haben. Es ist aber auch verständlich, daß die ehemals sinnvollen Verhaltensformen unter den veränderten Lebensbedingungen, Sozialstrukturen und Kulturformen zu Fehlhaltungen führen (z.B. Hospitalismus S. 116), die erst aus der Sicht der modernen Ethologie verständlich werden. Es ist darüber hinaus einsichtig, daß kulturelle Prozesse, Lernprozesse und Einsicht die angeborenen Verhaltensweisen modifizieren und überdecken. Dennoch bleibt die Grundfrage, ob erbbedingte Verhaltensweisen einen vergleichbaren Stellenwert haben wie erworbene oder durch Einsicht gewonnene. Die folgenden Zitate eines Soziologen und Psychologen (K. Horn) und eines Verhaltensforschers (N. Tinbergen) kennzeichnen die Standpunkte aus soziologischer und ethologischer Sicht. K. Horn schreibt: »Wenn man mit Norbert Elias (1970, S. 114f) der Ansicht ist, daß die bisherigen Ergebnisse der Tierverhaltensforschung gegen die Intention der Humanethologen eher die entscheidenden Differenzen als die Gemeinsamkeiten zwischen Tier- und Menschengesellschaften hervorgehoben haben, stellt sich die Frage nach dem Sinn der hier geführten Auseinandersetzung. Geht es nur darum, den »übersteigerten Relevanzanspruch« der Ethologie im humanwissenschaftlichen Bereich (Lepenies 1971, S. 124) zurückzuweisen? Ich halte dafür, daß es in dieser Kontroverse einen »übersteigerten Relevanzanspruch« der Ethologie im Sinne der humanwissenschaftlichen Relevanz ihres Ansatzes insofern nicht geben kann, als ihre Denkmodelle entweder relevant sind oder nicht. Gemessen an ihrem Anspruch, (wenigstens von ihrem Gegenstand her) Naturwissenschaft zu sein, tragen ihre diesbezüglichen Beweisversuche nicht. Für jede menschliche Szene, die ethologisch interpretiert wird, gibt es konkurrierende und nicht widerlegte Deutungen sozialwissenschaftlicher Art. [...] Auch vermittels Inanspruchnahme der Milgramschen Gehorsamsexperimente (MILGRAM 1965) wird nicht einmal »wahrscheinlich«, (EIBL-EIBESFELDT 1967, S. 437), daß dabei angeborene Dispositionen eine Rolle spielen, »deren Wurzeln wahrscheinlich in die Rangstruktur unserer Primatenahnen zurückreichen«. Auch hier verweist die unterschiedliche vermeintliche Relevanz des phylogenetischen Erbes bei den Versuchspersonen ebensogut auf die jeweilige gesellschaftlich vermittelte Sozialisationsverarbeitung erster Natur und die persönliche gesellschaftliche Bedeutung der betreffenden aktuellen Szene, nicht aber auf erste Natur unmittelbar. Diese hat in ihrer unspezifischen Allgemeinheit als Kausalmodell nicht den geringsten Erklärungswert, weil man mit ihrer Hilfe nahezu alles erklären kann. Auf dieses Problem habe ich im Kontext der Diskussion über den Aggressionstrieb hingewiesen (HORN 1972b). Insofern bestreite ich der Ethologie jedwede humanwissenschaftliche Relevanz, solange sie komplexe Szenen unmittelbar naturalistisch erklären will, ohne mehr als Meinungen (wenn auch dezidierte), Vermutungen und Wahrscheinlichkeiten (allerdings im umgangssprachlichen, nicht im stochastischen Sinne) vorbringen zu können.«

N. TINBERGEN äußert sich folgendermaßen: »Die zukünftigen Folgen dieser Entwicklung werden zweifelsohne von großer Wichtigkeit sein. Die Methoden und Vorstellungen dieser aufstrebenden biologischen Wissenschaft vom Verhalten erweisen sich bei Tierforschungen als so erfolgreich, daß man sie gleichfalls auf menschliches Verhalten wird anwenden müssen; in der Tat setzen solche Untersuchungen auch schon ein. Es wird nur wenige geben, die die Existenz vieler beunruhigender Anzeichen dafür leugnen, daß unser eigenes Verhalten, besonders unser Sozialverhalten, schlecht funktioniert. Es ist eine Aufgabe von höchster Dringlichkeit, festzustellen, wie es dazu kam. Die wahrscheinlichste Hypothese dafür ist, daß die kulturell bestimmten Veränderungen in unserer Umwelt (besonders in unserer sozialen Umwelt) Anpassungen in unserem Verhalten überholt haben, daß die genetische Evolution viel zu langsam ist, um solche Anpassung zu erreichen, und daß unser individuelles Verhalten nicht hinreichend modifizierbar ist, weil auch wir genetisch eingeschränkt sind – eine Folge der Tatsache, daß wir immer noch der Umwelt unserer Vorfahren angepaßt sind. Erforscher tierischen Verhaltens stimmen darin überein, daß die Vorstellung vom Menschen als einer unbegrenzt anpassungsfähigen Art, von der jedes einzelne Individuum im Verlauf seines Lebens verhaltensmäßig durch Erziehungsmaßnahmen bis zu jedem gewünschten Ausmaß modifiziert werden kann, nicht zwangsläufig richtig ist; tatsächlich ist es sogar höchst unwahrscheinlich, daß sie stimmt. Und selbst wenn sie im großen und ganzen zutreffend wäre, wäre es immer noch völlig klar, daß wir in unserer Unkenntnis über die natürliche Kontrolle der Ontogenese des Verhaltens bisher noch nicht die besten Methoden gefunden haben, um die Entwicklung Jugendlicher zu lenken.«

8.1 Einige Aspekte menschlicher Eigenart

Der Mensch ist Natur- und Kulturwesen zugleich. Seine Handlungen werden sowohl von angeborenen Programmen als auch von Lernvorgängen und Einsicht geleitet. Erworbene Handlungsformen werden durch **Tradition** von Generation zu Generation weitergegeben. Angeborene Verhaltensweisen gehen nicht durch **Instinktreduktion** verloren. Sie werden lediglich durch Lernvorgänge oder einsichtiges Verhalten in ihrer Erscheinungsform verändert. Wie im Abschnitt über Lernformen (S. 54) dargelegt, werden durch Lernvorgänge angeborene Verhaltensweisen in neue Beziehungen zueinander gebracht.

Die Instinktunsicherheit des Menschen beruht nicht auf dem Abbau der Antriebe zu Instinktverhalten, sondern auf seiner **Entscheidungsfreiheit** zwischen Verhaltensformen, die ihre Grundlage in Lern- und Verstandesprozessen einerseits und angeborenen Verhaltenstendenzen andererseits haben. Welches Verhalten sich durchsetzt, wird davon bestimmt, wie stark eine angeborene Verhaltenstendenz von innen her aktiviert ist. Die Einschränkung der Instinktgebundenheit erweitert den menschlichen Handlungsspielraum beträchtlich. Damit verknüpft ist die modifikatorische Anpassung des Menschen an neue Gegebenheiten und die Umgestaltung der Umwelt in Anpassung an menschliche Bedürfnisse. Dazu verhelfen dem Menschen Überlegung, Erkenntnis, Vernunft und Einsicht. Diese Faktoren bedingen jene Daseinsform, die man menschliche *Kultur* nennt.

Voraussetzung für jede Kultur ist die **Begriffssprache.** Sie ist Ausdruck und Darstellung von Gedanken, Gefühlen, Willensregungen durch symbolische Zeichen. Mit diesen werden Aussagen gemacht. Die dazu notwendigen Begriffe werden im Prozeß der Abstraktion und Generalisation durch das begriffliche Denken gebildet. Folgende Formen der Aussage mit Hilfe symbolischer Zeichen sind in der menschlichen Sprache verwirklicht: *Mitteilung* (injektive Funktion), *Aufforderung* (imperative oder Appellfunktion), *Frage* (interrogative Funktion) und *Stellungnahme* (indikativ-informierende Funktion). Da die Sprachsymbole (Schrift ist nur eine andere Form der Sprache) unendlich kombinierbar sind, kann durch die Begriffssprache *alles* mitteilbar gemacht werden.

Die **tierische Kommunikation**, z. B. die »Sprache der Bienen«, ist im Vergleich zur menschlichen Sprache ein **starres Codesystem**, die Symbole werden nicht kombiniert, um damit neue Aussagen zu machen. Die Symbole sind angeboren und nicht erlernt, sie können nicht durch Tradition weitervermittelt und dazu benutzt werden, Fragen zu stellen.

Die Weitergabe von Erkenntnissen durch die Sprache setzt das Erkennen als Akt voraus. Dieses erhält seinen Antrieb durch das **Neugier- und Spielverhalten** des Menschen. Dabei erfährt er die außersubjektive Wirklichkeit in ihrer Vielfalt und Komplexität. Während bei Tieren die Neugier- und Spielphase nur einen begrenzten Zeitraum in der Jungenentwicklung umfaßt, bleibt dieses Verhalten beim Menschen *zeitlebens* erhalten als eine Art **neotener Zustand** (Festhalten jugendlicher Merkmale). Dadurch bewahrt er seine Weltoffenheit als Wesensmerkmal menschlichen Seins.

Eine besondere Stellung nimmt der **Typus des menschlichen Säuglings** ein. Er ist keinem der drei Jungentypen der Säugetiere (Nestflüchter, Nesthocker und Tragling) zuzuordnen. **Nestflüchter** wie Feldhase, Pferd, Rind u. a. werden mit ausgebildetem Haarkleid, voller Bewegungsfähigkeit und mit offenen Augen und Ohren geboren. **Nesthocker** wie Kaninchen, Mäuse, Eichhörnchen, Hunde u. a. kommen mit geschlossenen Augen sowie mit geschlossenen Gehörgängen zur Welt. Sie sind meist nackt, unfähig sich selbständig fortzubewegen und werden im Nest von der Mutter gesäugt. **Traglinge** wie die Jungen der Affen, Faultiere und Koalas müssen von der Mutter mitgetragen werden. Sie kommen wie Nestflüchter mit offenen Sinnespforten zur Welt, besitzen ein ausgebildetes Haarkleid und haben die Fähigkeit, sich durch **Klammerreflexe** mit Füßen und Händen am Haarkleid der Mutter festzuklammern; sie können aber der Mutter nicht sofort folgen. Daraus entwickelt sich bei Affen eine körperliche **Kontaktbindung** zwischen Mutter und Kind, die Vorrang vor allen anderen Bedürfnissen hat; denn jede Trennung von der Mutter bedeutet in freier Natur höchste Lebensgefahr für das Affenkind.

Der menschliche Säugling kommt mit offenen Augen und Ohren zur Welt und ist daher *kein* Nesthocker. Er ist aber auch *kein* Nestflüchter, da es etwa ein Jahr dauert, bis er selbständig laufen kann. Man bezeichnet deshalb den menschlichen Säugling auch als **sekundären Nesthocker**. Die Tatsache, daß die embryonale Massenzunahme je Tag (= embryonales Wachstum) beim menschlichen Säugling das ganze erste Lebensjahr über anhält, führte dazu, den menschlichen Säugling auch als **physiologische Frühgeburt** zu betrachten (Abb. 46). Der menschliche Säugling ist, so wie er geboren wird, aber auch *kein* Tragling. Er kann sich nicht aktiv an erwachsene Menschen festklammern, selbst wenn diese noch ein Haarkleid besäßen. Erhalten aber haben sich die Klammerreflexe der Hände und Füße. Sie werden ausgelöst, wenn man mit dem

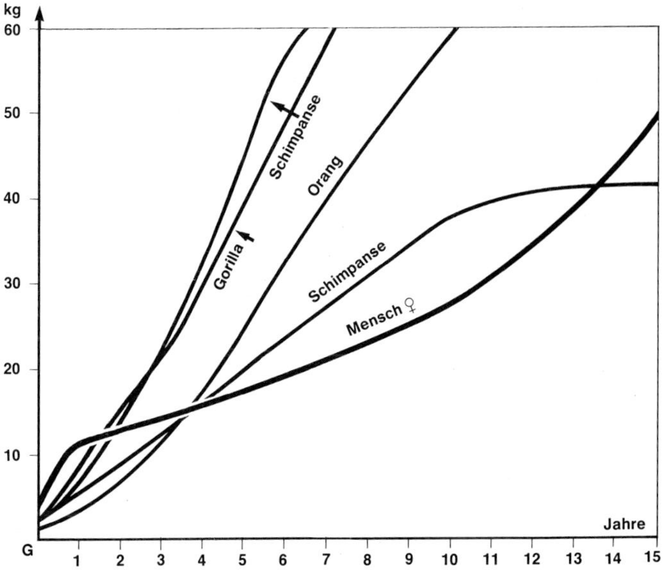

Abb. 46: Nachgeburtliches Wachstum von Menschen und Menschenaffen. Beim Menschen hält das fötale Wachstum bis zum Abschluß des ersten Lebensjahres an.

Finger oder einem Gegenstand über die Fuß- oder Handballen streicht, bzw. sie berührt. Dabei krümmen sich Finger und Zehen nach innen und umklammern den Gegenstand. Dies bedeutet, daß der menschliche Säugling die Verhaltensweisen eines Traglings noch in Ansätzen erknnen läßt. Er ist ein **ehemaliger Tragling**. In diesem Verhalten wird ein verhaltensgenetisches Prinzip offenbar: Stammesgeschichtlich entstandene Verhaltensweisen bleiben oft länger erhalten als die Funktionsstruktur oder das Organ, an welche die Verhaltensweise ursprünglich gebunden war. Der ursprüngliche Kletter- und Greiffuß der Affen wandelt sich im Laufe der Menschwerdung zum Lauffuß um, während der Greifreflex erhalten blieb.

Der Mensch bedarf zur Herausbildung seiner Persönlichkeit der **Sozialisation**. Darunter versteht man einen Vorgang, durch den ein Mensch in eine bestehende Gruppe (Gesellschaft) hineinwächst, ihre Normen und Werte, Lebensstil und Denkweise in sich aufnimmt und sie später als eigene empfindet, so daß er in der Gruppe funktionieren kann. Sozialisation bedeutet also, daß der Mensch als heranreifende Persönlichkeit geformt wird in einem Prozeß der Wechselwirkung zwischen dem, was er angeborenermaßen mitbringt (Antriebe und diesen zugeordnete Verhaltensweisen) und dem, was die Gesellschaft, in die er hineinwächst, schon besitzt (Normen, Werthaltungen, soziales Gewissen). Für die Sozialisation ist bedeutsam, daß auch Bedürfnisse befriedigt werden, die für das Wohl des Einzelmenschen von größter Bedeutung sind. Man unterscheidet Bedürfnisse, die durch die Evolution biologisch angelegt sind (primäre Bedürfnisse) und Bedürfnisse, die nur für den Menschen Bedeutung haben (sekundäre Bedürfnisse). Die folgende Tabelle gibt über die Form menschlicher Bedürfnisse Auskunft und stellt eine Art von Hierarchie menschlicher Bedürfnisse dar:

1.	Vitale Bedürfnisse	Nahrung, Schlaf, Sexualität, Schutz gegen Klimaunbill
2.	Soziale Geborgenheit in einer Gruppe	Unterstützung, Liebe, Versorgung
3.	Sicherheit	Schutzbedürfnis, Vorsorge gegen Krankheit und Not
4.	Wertschätzung	Anerkennung, Achtung, Erfolg, Kompetenz
5.	Selbstverwirklichung	Selbstachtung, geistige Unabhängigkeit u. Freiheit schöpferisches Tun

Das **Werden der menschlichen Persönlichkeit** ist nicht einfach eine Entfaltung von vorgegebenen Anlagen, sondern eine aktive Mitformung durch die sogenannten »sozialen Tatsachen«, die selbst wieder Formen und Bedingungen des Zusammenlebens sind. Als **soziale Tatsachen** bezeichnet man soziale Institutionen (Ehe, Gerichte, Kirche usw.) soziale Normen und Wertvorstellungen (Moral, religiöse Vorstellungen, politische Ideale usw.) und regelmäßig auftretende soziale Erscheinungen (Zunahme der Arbeitsteilung, Rationalisierung, wirtschaftliche Depressionen usw.). Diese sozialen Tatsachen lassen sich nicht allein durch Summierung von Eigenschaften und Verhaltensweisen der Einzelindividuen einer Sozietät erklären, sie besitzen nach Auffassung von Soziologen ihre eigenen soziologischen Gesetze.

Der Mensch formt seine Persönlichkeit in der Gesellschaft. Er formt aber auch seinerseits durch seine individuellen Eigenschaften die Gesellschaft mit. Dies bedeutet, daß der Mensch sowohl Produkt als auch Schöpfer der Gesellschaft ist. Einige für die Sozialisation des Menschen wichtige Faktoren werden in den folgenden Kapiteln dargelegt.

8.2 Mutter-Kind-Bindung

Der Säugling ist wie der erwachsene Mensch ein soziales Wesen. Er ist bei seiner Geburt zwar mit lebenserhaltenden Antrieben und Verhaltensweisen ausgestattet, aber nicht mit erblichen Anlagen dafür, in welche Dienstbarkeit diese Antriebe gestellt werden, d. h. wie die sich den Antrieben zugeordneten Verhaltensformen entwickeln. Hierzu ist der Säugling auf das soziale Miteinander in der Familie angewiesen. Die erste soziale Beziehung des Säuglings mit der Umwelt ist in der Regel die Zweiergruppe Mutter-Kind. Die Mutter oder eine andere, das Kind ständig betreuende Person wird zur **Bezugsperson** des Kindes. Die ersten Kontakte zur Mutter (und damit zur Außenwelt) vermitteln die Suche nach der Mutterbrust, der angeborene Saugreflex, die Nahrungsaufnahme mit engem Hautkontakt zur Mutter und die stetige Gegenwart der Mutter. Als **Kontaktruf** dient ein angeborener Stimmfühlungslaut und das **angeborene Weinen**, das Säuglinge auch nach Sättigung und Befreiung von Schmerzen äußern. Beide Kontaktlaute entsprechen dem Kontaktruf von Tierjungen (Gänsen, Enten, Säugetierjungen), die mit solchen Lautäußerungen den Kontakt mit den betreuenden Eltern suchen. Gesunde weinende Säuglinge beruhigen sich sofort, wenn sie durch Kontaktlaute, Streicheln oder Aufnehmen die Anwesenheit der betreuenden Person erfahren. Dem Kontakt dient auch das **angeborene Lächeln** des Säuglings. Es ist auslösbar, wenn er das menschliche Gesicht von vorn sieht. Auch taub und blind geborene Säuglinge lächeln in der gleichen Weise wie gesunde Säuglinge. Weinen und Lächeln sind demnach angeborene Reaktionen des Säuglings, welche als Auslöser die betreuende Zuwendung erwachsener Menschen hervorrufen. Diese instinktive Betreuungsreaktion wird noch verstärkt durch eine Merkmalskombination, die für Säuglinge und Kleinkinder typisch ist: hohe Stirn, im Verhältnis zum Kopf große Augen, Pausbacken, Stupsnase, rundliche Körperform und tollpatschige Bewegungen.

Diese Signale lösen über einen AAM **(Kindchen-Schema)** instinktiv die Zuwendung und Betreuungsreaktion erwachsener Menschen aus (Abb. 47). Selbst gegenüber Tieren mit ähnlichen Beziehungsmerkmalen spricht der Mensch mit der gleichen Reaktion an. Dies wird von der Puppenindustrie und der Werbung erfolgreich ausgenutzt.

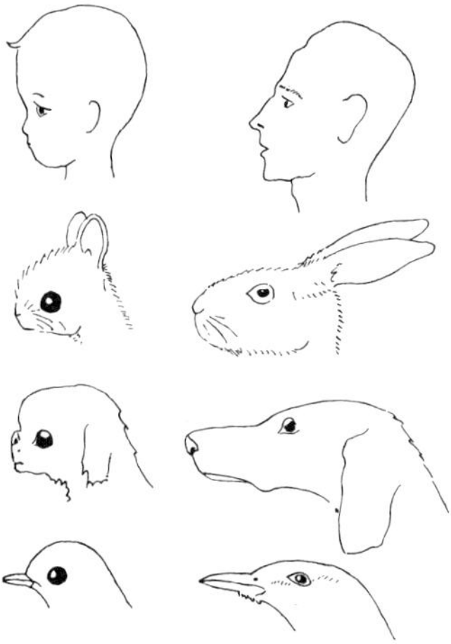

Abb. 47: Kindchenschema. Linke Spalte: die das Brutpflegeverhalten auslösenden, rechte Spalte: die den Brutpflegetrieb nicht aktivierende Kopfformen. Dargestellt sind nur Kopfformen erwachsener Tiere.

Die bisher betrachteten angeborenen Reaktionn des Säuglings dienen dem Kontaktbedürfnis, das durch sie befriedigt wird. Diese erste Entwicklungsphase bezeichnet man als **Kontaktbindung** oder *nichtindividuelle Bindung.* Etwa vom 2. Lebensmonat an beginnt der Säugling sich aktiv der betreuenden Person zuzuwenden, indem er sie voll ansieht und lächelt. Während der nächsten drei Monate entwickelt sich ein Bekanntheitsgefühl für das Gesicht der betreuenden Person, das es zwischen dem 6. und 10. Monat von anderen Gesichtern unterscheiden lernt. Damit ist die **individuelle Bindung** vollzogen. Sie wird noch gefestigt durch die gefühlsmäßig erlebte Zuneigung der betreuenden Person (Mutter) und die daraus sich ergebende Gemeinsamkeit erlebter Gefühle. Während dieser Zeit beginnt das Kind auch zu »fremdeln«, indem es fremde Gesichter ablehnt und sich ängstlich der Mutter anschließt. Dieser entwicklungsbedingte Lernvorgang spielt sich zwischen dem zweiten und zehnten Lebensmonat mit einer sensiblen **empfindlichen**

Periode zwischen dem zweiten und sechsten Monat ab. Manche Autoren nehmen eine Zeitspanne zwischen dem dritten und achtzehnten bzw. zwischen dem sechsten und zehnten Monat an. Dies erinnert an die sensible *kritische Periode* bei manchen Tieren (S. 67), unterscheidet sich aber davon durch eine längere Dauer.

Weitere Hinweise für diese Auffassung sind folgende: Störungen durch Ausbleiben der Bindung sind sehr therapieresistent und nur unter optimalen Bedingungen abzumildern. Das Lächeln des Säuglings entspricht etwa der Nachfolgereaktion bei Tieren. Beide Verhaltensweisen werden vom Mutterobjekt ausgelöst und zielen auf die Nähe der betreuenden Mutter ab. Tierjunge bevorzugen bei Darbietung von Attrappen die elterlichen Merkmale. Dies gilt auch für menschliche Säuglinge. Man hat Säuglingen im Alter von 24 Stunden ein reales menschliches Gesicht und das Gesicht einer Puppe vorgezeigt. An der Augenreaktion des Säuglings konnte überraschenderweise abgelesen werden, daß es das menschliche Gesicht auf dem Bild von einem Puppengesicht unterscheiden konnte und bevorzugte. Es gibt anscheinend bei Säuglingen ein **angeborenes Erkennen** realer menschlicher Gesichter. Zusammenfassend kann festgestellt werden, daß es beim Menschen für die Herstellung der **Mutterbindung durch Prägung** Hinweise, aber keine Beweise gibt. Die Mutterbindung des Säuglings ist nach den bisherigen Erkenntnissen als Lernvorgang in einer *sensiblen empfindlichen Periode* aufzufassen. Hinzu kommt noch, daß die während dieser Zeit gestiftete Bindung in vielen Fällen dazu führt, daß in späteren Lebensjahren eintretende abschreckende Erfahrungen mit der Mutter nicht in der Lage sind, diese Bindung aufzuheben, d.h. daß die Bindung irreversibel zu sein scheint. Aus den genannten Gründen wird diese Art der Mutter-Kind-Bindung von manchen Verhaltensforschern als **prägungsähnlicher Lernvorgang** aufgefaßt.

Das Erleben der individuellen Zuwendung an die Mutter als Bezugsperson gibt dem Kind Angstfreiheit und Sicherheit, sich der Außenwelt zu nähern und soziale Kontakte aufzubauen, ohne daß ein solches Verhalten besonders erlernt werden muß. Die frühe Bindung des Kindes an die Mutter ist die Grundlage eines unbedingten Vertrauens zu ihr. Es wird daher als **Urvertrauen oder basale Sicherheit** bezeichnet. Die Stiftung des Urvertrauens ist eine wichtige Phase in der **Sozialisation** des Kindes und ein entscheidender Schritt zur späteren gesunden Entwicklung der Persönlichkeit des Kindes. Dieses Urvertrauen kann durch folgendes Verhalten der Mutter bzw. der betreuenden Person gefestigt und vertieft werden: Viel Hautkontakt zwischen Säugling und Mutter (z.B.

durch Aufnehmen und Stillen), Ansprechen und Anlächeln des Säuglings bei der Betreuung (z. B. beim Wickeln), Förderung des Augenkontakts, Kundgabe von Kontaktlauten (z. B. beim Schreien des Säuglings), allmähliches Hinausschieben der Betreuung beim Schreien des Säuglings, um eine Lernverknüpfung zwischen Schreien und Betreuung zu verhindern, Belobigung jeder Tätigkeit des Säuglings (besonders des Fingerspiels).

8.3 Psychischer Hospitalismus

Darunter versteht man die Auswirkung von Störungen der Mutter-Kind-Bindung, wie sie z. B. in Kinderheimen (Kinderhospitalen) beobachtet werden. Durch häufigen Wechsel der betreuenden Pflegepersonen kann sich keine bleibende Bindung des Kindes an eine feste Bezugsperson aufbauen. Solche Kinder zeigen durch Fehlen eines beständigen Sozialkontakts *(Deprivation)* psychische und körperliche Fehlentwicklungen (Deprivationssyndrom).

8.3.1 Untersuchungen zum Hospitalismus

Als primäre Motive zur Entwicklung der Mutter-Kind-Bindung werden zwei Möglichkeiten diskutiert. Nach **psychoanalytischer Auffassung** stiftet die Befriedigung primärer Bedürfnisse (Hunger, Durst, Schmerzfreiheit) diese Bindung, während andere Motive wie Zuneigung und Liebe von sekundärer Bedeutung sind. Die Mutter-Kind-Bindung kann demnach über das Stillen des Kindes aufgebaut werden. Wenn die Mutter ihr Kind stillt, assoziiert das Kind die Triebbefriedigung mit der Wahrnehmung des Gesichts der Mutter (Lernvorgang der bedingten Appetenz). Durch anschließenden Triebabbau lernt das Kind die Mutter lieben. Die Liebesbindung zwischen Kind und Mutter ist an das Luststreben **(Libido)** gebunden. Das Luststreben des Kindes ist auf das Erreichen der Mutterbrust gerichtet, um daran zu saugen. Erst durch die Fixierung des Luststrebens an die Mutter wird die Bindung vollzogen.

Die zweite von der Verhaltensbiologie entwickelte Möglichkeit zur Erklärung der Mutter-Kind-Bindung geht davon aus, daß dem Säugling als **ehemaligem Tragling** die stammesgeschichtlich entwickelte und angeborene Reaktion nach körperlichem Kontakt mit der Mutter die Ursache für die **Kontaktbindung** ist.

Hinweise, daß es eine Kontaktbindung bei Lebewesen gibt,

brachten Attrappenversuche von HARLOW mit isoliert aufgezogenen Rhesusaffen, die 6–12 Stunden nach der Geburt von ihren Müttern getrennt wurden. Jedes Affenjunge erhielt, isoliert von den anderen, zwei Attrappen als Ersatzmütter. Eine Attrappe bestand aus einem zylindrischen Drahtgestell mit großem Kopf aus Holz, dem große Augen aufgemalt waren. Die andere Attrappe bestand ebenfalls aus einem Drahtgestell mit Kopf, war aber mit weichem Plüsch bespannt (Abb. 48). Beide Attrappen hatten in

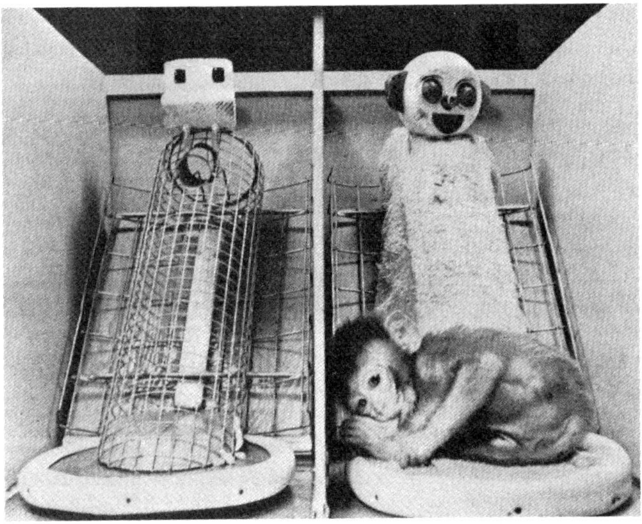

Abb. 48: Draht- und Stoffmutterattrappe. Sie wurde von Harlow bei seinen Isolationsversuchen an Rhesusaffen benutzt. Erläuterungen im Text.

Brusthöhe einen Sauger, der die nährende Milch spendete. Die Affenkinder hielten sich unabhängig davon, wer die Milch spendete, durchschnittlich 17 Stunden an der Plüschmutter auf. Gab es nur an der Drahtmutter Milch, dann sättigte sich das Junge an ihr, kehrte aber nach der Sättigung sofort wieder zu der Plüschmutter zurück. In künstlich ausgelösten Angst- und Schrecksituationen flüchtete das Affenkind ausschließlich zur Plüschmutter. Selbst wenn diese durch Austreten eins Luftstrahls das Tier ängstigte, schmiegte es sich an sie an. Die einmal vollzogene Kontaktbindung konnte nicht mehr durch Lohn oder Strafe beeinflußt werden.

Affenjungen, die an Attrappen ohne lebendige Gefühlsbindung aufgezogen wurden, zeigten ein Jahr nach der Geburt in abgeschwächter Form ähnliche abnorme Verhaltensweisen wie völlig isoliert gehaltene Affenjungen ohne Ersatzmutter. Sie entwickelten Zwangsgewohnheiten wie Dauerzehenlutschen, Eigenaggressivität durch Selbstbeißen und Haareausreißen. Bein Kontakt mit normal aufgewachsenen Affen verhielten sie sich teilnahmslos und zogen sich verängstigt in eine Ecke zurück. Auch das Sexualverhalten dieser Tiere war gestört. Weibliche Tiere, die mit freilebenden normal aufgewachsenen Affen in einem Zoo zusammengebracht wurden, waren nicht in der Lage, mit männlichen Affen zu kopulieren. Es gelang schließlich, solche Weibchen, die über ein Jahr mit normal aufgewachsenen Männchen Kontakt hatten, zur Paarung zu bringen. Gegenüber den eigenen Jungen verhielten sie sich völlig teilnahmslos oder sie vertrieben sie durch Abwehrbisse. Das gestörte Verhalten der isolierten Tiere beruht darauf, daß ihnen die vielfältigen Sozialerfahrungen sowohl mit der eigenen Mutter als auch mit Altersgenossen fehlten.

Neuere Untersuchungen von Mason und Kennedy an Rhesusaffen bestätigten diese Kontaktbindung. Sie ließen Rhesusaffen verschiedene Vorerfahrungen machen. Zwei Affen wuchsen von Geburt an einen Monat lang, zwei andere 10 Monate lang mit Mutterattrappen aus Stoff auf. Zwei weitere Tiere blieben drei Monate lang bei ihrer natürlichen Mutter und zwei Tiere hatten sieben Monate lang Sozialkontakt mit einem Altersgenossen. Danach wurden die Tiere von ihren Müttern bzw. Ersatzmüttern getrennt und zu Hundeweibchen gegeben. Nach kurzer Eingewöhnungszeit entwickelten die Affenjungen eine enge Bindung an die Hundemutter. »Mutter« und Jungen fraßen gemeinsam Futter und die Affenjungen klammerten sich an der Hundemutter an oder folgten ihr. In Wahlexperimenten, bei denen die Affenjungen zwischen der Hundemutter, Hunden der gleichen Art und erwachsenen Rhesusaffen wählen konnten, bevorzugten sie eindeutig die Hundemutter.

Hinweise auf die Bedeutung der frühen Mutter-Kind-Bindung beim Menschen sind aus den Untersuchungen von R. Spitz abzuleiten. Er beobachtete in Findelhäusern Kinder, die vom dritten Lebensmonat an von der Mutter getrennt waren. Je 8–15 dieser Kinder wurden abwechselnd von verschiedenen Schwestern betreut. Die Kinder wurden im Laufe von drei Monaten depressiv, litten an Schlaflosigkeit, bekamen einen starren Gesichtsausdruck und verweigerten jeden Kontakt mit anderen Menschen. Die körperliche Entwicklung ließ nach und die Anfälligkeit für Krankheiten häufte sich. Von 92 materiell gut versorgten Kindern starben im ersten Lebensjahr 27 Kinder an körperlichem Verfall (Marasmus), im zweiten Jahr nochmals sieben Kinder. Von einer vergleichbaren Gruppe aus 360 Kindern, die von ihren Müttern oder nicht wechselnden Pflegepersonen betreut wurden, starben im Verlauf von vier Jahren nur 4 Kinder.

Spitz interpretierte diese Ergebnisse ausschließlich durch Fehlen der »affektiven Zufuhr«. Von psychologischer Seite wird dieser Interpretation entgegengehalten, daß das frühkindliche Verhalten nicht ausschließlich vom **Affektaustausch** zwischen Mutter und Kind bestimmt wird, sondern auch vom Erleben sozialer Beziehungen durch individuelle Wahrnehmungseindrücke im Sinne einer echten **Interaktion**. Diese stiftet Gemeinsamkeit durch Herstellung sozialer Beziehungen. »Dieses Gelingen der sozialen Beziehung scheint von früh an schon ebenso wichtig zu sein wie die Liebe« (Ch. Bühler).

Die These von prägungsähnlichen Lernvorgängen bei der Mutter-Kind-Bindung des Menschen wird von verschiedenen Seiten angezweifelt. Als Argumente werden angeführt: Einsichten, die aus dem Verhalten von Tieren gewonnen werden, sind nicht direkt auf den Menschen übertragbar. Die Versuche von Mason und Kennedy sind so zu interpretieren, daß eine bestehende Bindung nicht die Bindung an ein neues Objekt verhindert, d.h. daß die Mutter-Kind-Bindung bei höheren Primaten (Rhesusaffen) nicht auf einer irreversiblen Bindung beruht, sondern sehr elastisch und variabel ist.

8.3.2 Auswirkungen des Hospitalismus auf das Verhalten des Menschen

Der häufige Wechsel der Bezugspersonen verhindert bei Kindern den prägeähnlichen Lernvorgang auf eine Bezugsperson. Diese Kinder können bei ständig wechselnden Gesichtern keine bleibende Beziehung zu einem Gesicht gründen. Daher unterbleibt das Lächeln als Reaktion auf das Wiedersehen bekannter Gesichter. Als Folge davon vermeidet das Kind, menschliche Gesichter anzusehen. Für das von einer Bezugsperson betreute Kind ist diese Hort der Sicherheit und des Schutzes. Einem Kind mit gestörter Mutter-Kind-Bindung fehlt das Urvertrauen. Dies bedeutet, daß es **emotional** niemanden besitzt, zu dem es in Angstsituationen fliehen kann, um beschützt zu werden. Es leidet daher an ständiger **Verlassenheitsangst.** Diese Tatsache wirkt sich auf die Phase des Neugier- und Spielverhaltens zwischen dem 2. und 5. Lebensjahr nachteilig aus. Verhaltensweisen, durch die das Kind seine Weltoffenheit gewinnt, können sich nur dann optimal entwickeln, wenn keine anderen Antriebe (Angst, Flucht) aktiviert sind, oder anders ausgedrückt, wenn sie im **»entspannten Feld«** ablaufen. Bei Kindern mit nicht vollzogener Mutter-Kind-Bindung hemmt die dauernd im Hintergrund stehende Verlassenheitsangst die volle Betätigung des Neugier- und Spielverhaltens. Dieser Lebensabschnitt ist auch gleichzeitig die **Phase des schnellsten Lernens** bei Kindern. Sie wird von diesen Kindern nur wenig genutzt, um die für das spätere Dasein wichtigen Erkenntnisse, Fertigkeiten und sozialen Verhaltensweisen kennenzulernen und sich anzueignen. Das Nichterlebte und die fehlenden mannigfachen neuen Eindrücke können nicht im Sprachlaut ausgedrückt werden. Dadurch verarmt auch die Sprache. Die dauernd aktivierte **Verlassenheitsangst** verhindert später die Gefühlsbindung zu anderen Menschen. Mißtrauen, erhöhte Aggressivität und unstetes Verhalten sind die Folgen. Bei Menschen mit frühkindlicher Störung der Mutter-Kind-Bindung können zusammenfassend folgende Störungen beobachtet werden:

Im **Säuglingsalter:** allgemeine Depressivität, Fehlen des Lächelns, rhythmisch sich wiederholende Körperbewegungen (Schaukelbewegung des ganzen Körpers oder des Kopfes), Verlangsamung der Entwicklung (z.B. spätes Laufenlernen).

Im **Kleinkindalter:** geringe Spielneigung, Verlangsamung der Sprachentwicklung und Intelligenz. Nichtansehen menschlicher Gesichter, gesteigerter Antrieb, sich an irgendwelche Personen anzuklammern, ohne sie anzusehen.

Im **Schulalter:** gestörtes sprachliches Ausdrucksvermögen, Lern- und Konzentrationsschwächen, die oft nur zur Sonderschulreife führen (Pseudoschwachsinn). Gesteigerte Aggressivität, unmotiviertes Weglaufen von daheim.

Im **Erwachsenenalter:** Gemütsarmut und mangelndes Mitgefühl gegenüber Mitmenschen, Mangel an Bindungsfähigkeiten zum Sozialpartner und zu sozialer Verantwortung sowie Neigung zu kriminellen Delikten.

R. Spitz drückte die frühkindlichen Störungen und ihre Folgen so aus: »In der Kindheit wurden sie um die Liebe betrogen, wenn sie erwachsen sind, bleibt ihnen nur der Haß.«

Die Entdeckung der sexuellen Prägung bei Tieren trägt auch zum Verständnis einer weiteren menschlichen **Sozialisationsphase** bei, die von der Psychoanalyse als **ödipale Phase** bezeichnet wird. Dieser Entwicklungsabschnitt liegt beim Menschen zwischen dem 4. und 7. Lebensjahr. Nach psychoanalytischen Vorstellungen erfährt das Kind in dieser Zeit eine sexuell getönte vorübergehende

Bindung an die gegengeschlechtliche Bezugsperson, die normalerweise ein Elternteil ist.

Diese Zuwendung (Ödipus-Bindung) ist begleitet von unbewußten Strebungen wie Haß und Rivalität gegen die gleichgeschlechtliche Elternperson. Aber gleichzeitig ist die gefühlsmäßige Reaktion von einem Gleich-sein-Wollen mit dem gleichgeschlechtlichen Elter begleitet. Dieser Konflikt heißt **Ödipus-Konflikt**; er ist benannt nach dem Verhalten des mythischen griechischen Königs Ödipus, der ohne es zu wissen, seinen Vater Laios tötete und seine Mutter Jokaste heiratete. In dieser **ödipalen Phase** wird das Kind in seiner Beziehung zu späteren Partnern dauerhaft vorgeprägt. Abschreckende Erlebnisse während dieser Periode verstellen später die natürlichen sexuellen Reaktionen gegenüber dem gegengeschlechtlichen Partner und können sich im Erwachsenenalter als blockiert, umorientiert und pervertiert erweisen. Diese vielfach bestätigten Beobachtungen legen es nah, auch beim Menschen eine **empfindliche Periode** für die Festlegung und Formung **geschlechtlichen Reagierens** anzunehmen. In dieser Periode werden Erlebnisse und Eindrücke bestimmend für die allgemeine Festlegung des Partnerbildes der später erfolgenden Partnerwahl und Partnerbeziehung.

Wahrscheinlich gibt es beim Menschen noch eine zweite Form des prägungsähnlichen sexuellen Lernens, die an keine zeitliche Entwicklungsphase gebunden ist, sondern an den besonderen körperlichen und psychischen Zustand der bei sexueller Erregung auftritt. Aus diesem Zustand heraus kann sich eine individuelle sexuell getönte Fixierung an andere Objekte bilden. Der Ödipus-Konflikt, bzw. die Ödipus-Bindung ist wahrscheinlich auf diese Form sexueller Prägung zurückzuführen. Die Ödipus-Bindung wäre danach kein entwicklungsnotwendiger Abschnitt in der sexuellen Entwicklung des Menschen, sondern eine pathologische Situation.

Auch bedingte Aversionen (S. 62) im Sexualbereich können zu abnormem Verhalten führen. Erfahrungsbedingte Verknüpfungen zwischen starken Eindrücken und sexuellen Erlebnissen und Strebungen können das Verhalten beeinflussen. So können z.B. unangenehme Erfahrungen mit dem gegengeschlechtlichen Elternvorbild auf das spätere partnerschaftliche und geschlechtliche Verhalten des Menschen tiefgreifend einwirken. Nach der Geschlechtsreife kann z.B. die Annäherung an das andere Geschlecht gehemmt oder sogar unterdrückt sein. Fehlt dem Kind die Möglichkeit, die nicht sexuell motivierte gegengeschlechtliche Objektwahl vorzunehmen oder ist dieselbe eingeschränkt, dann kann es auch zu *sexuell getönten* Bindungen zu Erwachsenen kommen. Dies kann dazu führen, daß es zur zufälligen Verknüpfung zwischen sexuell getönten Empfindungen oder Erregungen und biologisch nicht geeigneten Objekten kommt. Solche Fehlbeziehungen können im Jugendalter und besonders nach der Pubertät zur Entstehung von Fetischismus (sexuelle Reaktionen werden an tote Gegenstände geknüpft), Pädophilie (Knabenliebe), Homosexualität (geschlechtliche Fixierung auf das gleiche Geschlecht) und Sodomie (Geschlechtsverkehr mit Tieren) führen.

Weitere prägungsähnliche Lernvorgänge, die an keine zeitlich fixierte Prägungsphase gebunden sind, betreffen wahrscheinlich bestimmte Denkweisen, grundlegende Denkstrukturen, ethische Prinzipien und Sonderinteressen.

8.4 Territoriales Verhalten des Menschen

Territoriales Verhalten (Revierverhalten) ist für den Einzelmenschen, wie auch für menschliche Gruppen ein wichtiger Teil des Gesamtverhaltens. N. Tinbergeb schreibt dazu: »Untersuchen wir nun die Hypothese, die ich als die wahrscheinlichste betrachte, daß nämlich der Mensch die tierische Erbschaft des Gruppenterritorialismus immer noch in sich trägt.« Er fährt fort mit der Bemerkung: »Als geselliger Primat und Jäger muß der Mensch ursprünglich nach dem Prinzip der Gruppenterritorien gelebt haben. Ethologen neigen zu der Ansicht, daß wir noch mit einer Anzahl von Verhaltensmerkmalen unserer Tiervorfahren behaftet sind, die durch verschiedene Erziehungsmaßnahmen nicht ausgemerzt werden können, und daß unser Gruppenterritorialismus eine dieser angestammten Eigenschaften darstellt.«

Das territoriale Verhalten des Menschen äußert sich schon darin, daß die Grenzen des als Eigentum betrachteten Raumes durch Mauern, Zäune und Schilder »umfriedet« und damit abgegrenzt und gekennzeichnet werden. Einen besonderen territorialen Wert hat die Wohnung. Selbst der Gesetzgeber nimmt darauf Rücksicht. Das unbefugte Eindringen in fremde Wohnungen oder Grundstücke wird als Haus*friedensbruch* gewertet. Beim Betreten eines fremden Territoriums wird durch Geschenke, verbale oder mimische Demutsgesten die territoriale Aggression des Territoriuminhabers beschwichtigt. Selbst lockere Interessengruppen, wie z.B. eine »Stammtischrunde« beanspruchen zeitweise ein eigenes Territorium, den Stammtisch, das sie durch Wimpel oder Schilder gegen Gruppenfremde absichern und gegebenenfalls verteidigen. Selbst die Territorien größerer Sozietäten (Staaten) werden als Staatsgrenze gekennzeichnet und markiert. Besonders wirkt sich territoriales Verhalten im Platzeinnehmen und Platzbesetzen aus. Platzbehauptung und Aggressivität um den beanspruchten Platz wird auch unabhängig von der Gesellschaftsordnung und Gesellschaftsform praktiziert.

Die Ansprüche an die Größe und Struktur z. B. eines **familiären Territoriums** sind beim Menschen sehr unterschiedlich. Trotzdem gibt es einige Gemeinsamkeiten im menschlichen Territorialverhalten. Es sind dies:

Das Streben nach der Erhaltung eines personalen Freiraums,
die Abschirmung und Abgrenzung gegen Gebietsnachbarn,
die emotional getönte aggressive Verteidigung des Territoriums,
die Tendenz, die Größe des Territoriums so zu bemessen, daß die dem individuellen Bewegungsdrang entsprechende Bewegungsentfaltung gewährleistet ist. Diesen Verhaltensmechanismen wirkt die Überbevölkerung und das Zusammendrängen von Menschen in Ballungsräumen entgegen. Es ist daher anzunehmen, daß die gegenwärtige Bevölkerungsdichte höher liegt als diejenige, für die der Mensch genetisch angelegt ist. Dieser Zustand führt zu einer dauernden Berührung von Kleingruppen (z. B. Familien), folglich zu einem potentiellen Aggressionsreiz. Von vielen Tieren ist die Mindestgröße des Wohn-Territoriums bekannt, vom Menschen aber nicht. Sie wird aus empirischen Daten des durchschnittlichen Wohnraumanspruchs (z. B. in Mitteleuropa) ermittelt. Nach den Empfehlungen des internationalen Verbandes für Wohnungswesen, Städtebau und Raumordnung beträgt die Mindestgröße einer Wohnung für eine alleinstehende Person 37,7 m^2, für ein Ehepaar 57,8 m^2 und 84,5 m^2 für einen Vierpersonenhaushalt. Die Zunahme der Ballungsräume mit ihrem **Dichteeffekt** durch Hochhäuser und Trabantenstädte bringt z. B. die Familienterritorien in engsten Kontakt. Die Folge ist, daß der eigene Raum und der verbleibende Restraum umso schärfer gegen andere abgegrenzt wird. Die Enge und Dichte der Territorien aktiviert die Reaktionen der **territorialen Verteidigung** übermäßig, was zu einem vermehrten Ausbruch von Nachbarschafts-Streitigkeiten führt. Diese widersprechen der Tendenz des Menschen nach Schutz und Geborgenheit. Die Wohnungen als Orte maximaler Geborgenheit und Ruhe liegen in Hochhäusern und in der Zeilenbauweise dicht nebeneinander. Die Durchlässigkeit der Wände für Geräusche läßt daher das Gefühl eines offenen Territoriums entstehen. Um unter diesen Gegebenheiten ein soziales Zusammenleben auf engem Raum zu sichern, werden Bauvorschriften zur Geräuschdämmung und Verhaltensvorschriften über die Unterlassung von Belästigungen erlassen, um die unterschiedlichen natürlichen Reaktionen zur Terri-

torialverteidigung abzumildern oder ganz auszuschalten.

Schon die Einschränkung der offenen Äußerung, d.h. der Abreaktion aufgestauten Ärgers, ist eine Streßsituation. Die Wohnraumplanung wird z.B. dem Bewegungsdrang von Kindern nicht gerecht. Der Mangel an leicht erreichbaren Spielplätzen muß durch entsprechend große Wohnungen kompensiert werden. Hierbei sollte vor allem auf den Ausbau und die Ausstattung der **intimen Freifläche** – eine Freifläche unmittelbar an der Wohnung (Terrasse, Balkon usw.) geachtet werden. Sie erfüllt viele Funktionen des Wohnens: Auslauf und Freispielbereich für Kinder, Ort der Ruhe, des Lesens, Essens, Sonnenbadens, Frühsports usw. Als Mindestgröße des intimen Freiraums wurde von Fachleuten 10 m^2 pro Person für angemessen erachtet.

Eine hohe Bevölkerungsdichte schränkt auch den personalen Freiraum – die kritische Distanz – ein.

Kritische Distanzgrößen beim Menschen:

Distanzform	*Distanz (Abstand)*	*Eindringen dürfen*
Intime Distanz	0– 40 cm	Sexualpartner, Kinder
persönliche Distanz	40–150 cm	gute Freunde
gesellschaftliche Distanz	150–400 cm	Bekannte
öffentliche Distanz	ab 300 cm	Fremde

Diese kann zwar, je nach Situation, Person und Sozietät verschieden groß sein, aber ihre Einschränkung ergibt für den Einzelnen einen Verlust der Kontrolle über Situationen, an denen er unmittelbar beteiligt ist, z.B. wenn er in einer Autoschlange eingekeilt ist oder im Gedränge eines Kaufhauses vorwärtsgeschoben wird usw. In Hochhäusern oder Reihenwohnungen ist er häufig zu Kontakten gezwungen, die mitunter unerwünscht sind. Inwieweit der auf S. 93 beschriebene **soziopsychische Dichteeffekt** beim Menschen streßauslösend wirkt, ist bisher noch nicht eindeutig geklärt. Zu gleicher Zeit wirken beim Menschen auch noch andere Faktoren wie Leistungsdruck, Überforderung in der Arbeitswelt, die Hast des Alltags, zwischenmenschliche Konkurrenz, Angst um die Existenz usw. streßfördernd.

Welche Wirkungen hat nun die Veränderung der sozialen und physischen Umwelt auf den Menschen überhaupt? Als Tatsachen sind festzustellen: Die Lebenserwartung nimmt im Vergleich zum Wohnung in lockeren Siedlungen ab; der Verbrauch an Beruhigungsmitteln, Drogen und Alkohol nimmt mit steigender Wohndichte zu. Gleiches gilt für das Ansteigen von psychischen Erkrankungen, Selbstmorden und der Verwahrlosung Jugendlicher, was eine mögliche Schädigung durch soziale Bedingungen vermuten läßt. Statistische Untersuchungen zeigen zwar Beziehungen zwischen Bevölkerungsdichte, Wohnbedingungen und sozialen Status einerseits und Zivilisationskrankheiten (Kreislaufschäden, hoher Blutdruck, Arteriosklerose, Herzinfarkt, Magengeschwüre), psychischen Schäden (Neurosen), Kriminalität und Jugendverwahrlosung andererseits auf, aber sie lassen noch keine eindeutigen Ursache-Wirkungs-Beziehungen herstellen. Bei Säugetieren (z. B. Ratten und Affen) lassen sich alle vom Menschen bekannten Zivilisationskrankheiten (s. o.) allein durch engen Kontakt mit Artgenossen auslösen. Inwieweit dieses auch für den Menschen zutrifft ist noch unklar, aber die heute noch tolerierten Umwelteinflüsse können – wenn sie lange Zeit einwirken – erhebliche Schäden verursachen. Die Zunahme der Herz- und Kreislaufschäden sind Hinweis genug.

8.5 Rangordnungs- und Gruppenverhalten beim Menschen

Menschen leben in Gruppen (Gesellschaften). Die Anzahl der Gruppenmitglieder und der zeitliche Bestand einer Gruppe kann unterschiedlich sein. Eines aber haben menschliche Gruppen gemeinsam: Sobald Gruppen Bestand haben, bilden sich auch gruppeninterne **Rangordnungen** aus. Dies läßt sich auch dann nicht verhindern, wenn die Bildung einer Rangordnung gar nicht beabsichtigt war. – Der Begriff Rangordnung wird hier nicht auf künstliche Rangordnungen angewandt, wie z. B. Stufenleitern von Beförderungsstufen. Diese dienen der Abgrenzung von Tätigkeitsbereichen und sind keine »natürlich gewachsene Rangordnungen. Natürliche Rangordnungen bilden sich schon im frühen Kindesalter. In Kindergärten entstehen spontan Gruppierungen, in denen sich sowohl zwischen einzelnen Gruppen als auch innerhalb einer Gruppe Rangordnungshierarchien ausbilden. Gleiches wurde auch bei Freizeitgruppen Jugendlicher beobachtet. Das Rangordnungsverhalten gehört wie jede andere fundamentale Verhaltensweise des Menschen (z. B. Territorialität, Aggression) zu den konstitutiven Eigenschaften des Menschen. So bemerkt Ch. Bühler: »Das Bewußtsein von Rangordnungen scheint in der sozialen Wahrnehmung von früh an gegeben zu sein. Eine primäre Grundlage könnte aus den Überlegenheitserfahrungen herrühren, wie sie sich bei Kleinkindern schon im zweiten Lebensjahr und sogar früher feststellen lassen. Es handelt sich hier offenbar um sehr fundamentale Verfahrensweisen, die mit dem zur Lebenserhaltung notwendigen Wettbewerb zusammenhängen mögen, da schon bei Tieren Rangordnungen bei der Nahrungsaufnahme und bei kämpferischen Auseinandersetzungen beobachtet wurden.«

Die Einordnung der Mitglieder einer menschlichen Gruppe in eine Rangordnung erfolgt oft ohne Gewaltanwendung aufgrund von bestimmten Kriterien und der Selbsteinschätzung. Nach allgemeiner Erfahrung darf man annehmen, daß Ranghöchste nach ihrem Einfallsreichtum, ihrer Anpassungsfähigkeit, ihrer Verläßlichkeit und nach der Wendigkeit bei der Vertretung von Gruppeninteressen als Autorität anerkannt werden. In Situationen der Angst oder des Unvermögens, eine Aufgabe zu bewältigen, gibt einem Menschen die Vorstellung eine gewisse Sicherheit, daß ein vertrauensvoller, gefestigter und mit anderen bewundernswerten Qualitäten ausgestatteter Mensch die Sachlage meistert. Damit werden eigene Wunschvorstellungen, etwas meistern zu können, auf einen anderen Menschen übertragen (projiziert). Dies führt dazu, daß sich der betreffende als Teilhaber an den Fähigkeiten der Projektivperson fühlt und identifiziert sich mit ihr. Diese **Identifikation** wird um so tiefer, je mehr die übrigen Gruppenmitglieder mit dieser Art der Identifikation konform gehen. Der Gruppenführer kann daher Normen setzen, die von den Gruppenmitgliedern anerkannt und verteidigt werden (normenbildende Tendenz von Gruppen). In diesem Verhalten drückt sich die menschliche Neigung aus, geltende Normen von Gruppen zu beziehen und das Gesamtverhalten auf der Grundlage von **normativen Werten** der Gruppe zurechtfertigen. Damit wird die Werthaltung des Einzelnen von der Gruppe geprägt; dadurch werden aber auch Vorurteile gegenüber anderen Gruppen geschaffen, wenn diese die gesetzten Normen und Werthaltungen der eigenen Gruppe nicht beachten und einhalten. Die Neigung zum **Personenkult,** zur Schaffung von Vor- und **Leitbildern** gründet wahrscheinlich in dieser Veranlagung. Mit fortschreitender kultureller und sozialer Entwicklung der Menschheit beobachtet man Hierarchien in Teilbereichen (politische, wirtschaftliche, wissenschaftliche, künstlerische Rangstufen), sie bilden sich, verschränken sich und lösen sich wieder auf.

8.6 Aggression und Verhaltenslenkung beim Menschen

Die Aggression beim Menschen ist anscheinend nicht auf einen genau umschreibbaren Aggressionstrieb zurückzuführen, sondern ein komplexer Verbund von einzelnen Verhaltensweisen (s. 7.6).

Nach Ansicht vieler Forscher gehört Aggression ebenso wie Territorialitäts- und Rangordnungsstreben zu den grundlegenden Eigenschaften des Menschen. N. TINBERGEN äußert sich dazu folgendermaßen: »Ich halte Lorenz' Schlußfolgerung für richtig, daß das innere Bedürfnis zu kämpfen durch Erziehung nur sehr schwer, wenn überhaupt, zu beseitigen sein wird.« Wenn A. MITSCHERLICH schreibt: »Heftigkeit, Beweglichkeit, leichte Weckbarkeit aggressiven Verhaltens sind typische Artmerkmale des Menschen.« so drückt dies den gleichen Sachverhalt aus. Die Weckbarkeit, d.h. die Auslösung menschlicher Aggression beruht auf den gleichen **motivierenden Faktoren**, wie sie auf S. 96 zusammengestellt sind. Darüber hinaus sind beim Menschen zusätzliche Formen der Aggression wirksam: Die **instrumentelle Aggression, Aggression durch Nachahmung** und **Aggression aus Gehorsam**.

Die Besonderheit **instrumenteller Aggression** liegt in ihrem planmäßigen Einsatz als Instrument, um persönliche oder Gruppeninteressen durchzusetzen, so die Aneignung fremder Güter, die Durchsetzung von Machtinteressen oder von Ideologien und die Vernichtung des sich den eigenen Interessen widersetzenden Gegners. Der Erfolg bei instrumentellem, aggressiven Handeln beruht auf der Mobilisierung der Angst. Bei der **Nachahmung von aggressivem Verhalten** wird die Aggression anderer als Vorbild für die Durchsetzung eigener Interessen nachvollzogen.

Aggressivität aus Gehorsam ist besonders unter dem Einfluß autoritärer Haltungen zu beobachten. Ein Experiment des amerikanischen Psychologen ST. MILGRAM läßt dies deutlich werden. Der Forscher holte 280 Personen verschiedener Berufsgruppen (40 % Arbeiter, 40 % Angestellte, 20 % Freiberufliche) von der Straße und täuschte ihnen vor, er brauche sie als »Lehrer«; sie sollten ihm helfen festzustellen, ob ein Mensch unter dem Eindruck immer härterer Strafen es besser oder schlechter lernt, bestimmte Aufgaben zu lösen. Der »Lehrer« mußte bestimmte Fragen stellen und jeden Fehler des »Schülers« mit immer härteren Strafen belegen. Als »Schüler« betätigten sich Mitarbeiter des Forschers, als Strafe wurden Elektroschocks von 15–450 Volt angewandt, doch wußten die »Lehrer« nicht, daß diese nur vorgetäuscht waren. Der »Schüler« wurde in einem Zimmer in Anwesenheit des Lehrers auf einen Stuhl geschnallt und zwei Elektroden am Oberarm befestigt. Im Nachbarzimmer, ohne Sichtkontakt zum Schülerzimmer stand der Strafapparat für Elektroschocks. Der »Lehrer« konnte akustische Reaktionen des Schüler – von einem Tonband automatisch abgespielt – verfolgen. Die Reaktionen der Schüler waren ebenfalls vorgetäuscht. In einem Versuch wurde vom »Schüler« bei einem

Strafreiz von 120 Volt heftiger Schmerz signalisiert, ab 180 Volt waren Schmerzensschreie und Bittrufe zu hören, die bei weiterer Steigerung der Spannung in gequältes Schreien übergingen. Trotzdem erteilten 62,5 % der »Lehrer« diese hohen Strafreize. Auf die Frage des »Lehrers« an den Versuchsleiter, ob er den Test nicht abbrechen könnte, da er für den Schüler zu schmerzhaft sei, antwortete der Versuchsleiter nur »Sie haben keine andere Wahl, Sie müssen weitermachen«. Daraufhin straften die »Lehrer« bis 325 Volt weiter, eine Spannung, die tödlich sein kann. Der Gehorsam gegenüber einer Autorität und die kritiklose Übernahme der von ihr bestimmten Situation war stärker als die Einsicht in die Grausamkeit des entsprechenden Geschehens.

Dieser Versuch zeigt auch, daß menschliches Verhalten **manipulierbar** ist. Dazu ist in besonderem Maße die menschliche Sprache geeignet. Durch sie kann Verhalten bewußt mitteilbar gemacht und daher zur **Verhaltenslenkung** benutzt werden. Die wichtigsten Formen der Verhaltenslenkung, die von der kulturell-rationalen Seite des Menschen her stammen, also mit dem Verstand eingesehen und bewältigt werden können, sind nach HASSENSTEIN folgende:

Überzeugen: Aufgrund von allgemein anerkannten Gesetzen und Spielregeln werden logische und faktische Beweise vorgebracht.

Überreden: Durch einsichtige Hinweise (Argumente) werden bei fehlenden Beweisen Entscheidungen herbeigeführt.

Überrumpeln: Der zu Lenkende wird vor vollendete Tatsachen gestellt, um Gegenargumente und Gegenreaktionen nach Möglichkeit auszuschalten.

Verführen: Bedürfnisse werden geweckt und ihre Erfüllung wird versprochen.

Bedrohen und Erpressen: Die Angst wird bei einem Partner mobilisiert und aktiviert.

Diese Formen der Lenkung werden bewußt angewendet und man kann sich ihnen willentlich entziehen. Die fragwürdigen Methoden lassen sich leicht durchschauen und damit in ihrer Anwendung begrenzen. Mit Mitteln der Natur (Bedrohung, Feindattrappe, Revieranspruch, usw.) ist eine Lenkung menschlichen Verhaltens im Bereich der menschlichen Aggression möglich. Es ist wenig wahrscheinlich, daß der Mensch bezüglich seiner aggressiven Verhaltensbindungen einfacher angelegt ist als die Tiere, d.h. daß menschliche Aggression vielfach (S. 96) motiviert ist. Von diesen vielfachen Motivationen sind für die Verhaltenslenkung des Menschen zwei von besonderer Bedeutung: die Aggression bei der Bildung einer Rangordnung und die Aggression gegenüber dem Gruppenfeind.

Wie schon S. 125 begründet, dürfte auch beim Menschen eine erblich fixierte Disposition zum Rangordnungsverhalten gegeben sein. Einen weiteren Hinweis darauf geben die Imponierhaltungen des Menschen. Diese werden durch Anlegen besonderer Gewänder (Roben, Krönungsornat u.a.) unterstützt und bezwecken die Vergrößerung des Köperumrisses. Moderne Statussymbole wie Auto, Prunkbauten, Schmuck, Orden u.a. dokumentieren äußerlich den Gruppenstatus, den der Einzelne sich zumißt.

Bei Tieren wird die Rangordnung durch Rangordnungskämpfe ausgetragen (S. 94). Diesem Verhalten liegt eine angeborene Disposition zur Rangordnungsaggressivität zugrunde. Die Rangordnungskämpfe gehen immer von der Provokation eines Partners gegenüber einem anderen aus. Die biologische Bedeutung solcher Provokationen liegt darin, die Stellung in der Rangordnung und die Stärke des anderen Partners kennenzulernen. Dies kann nur auf der Grundlage des gegenseitigen Kräftemessens geschehen. Von seiten des Angreifers gibt es keine angeborene Tendenz, die Aggression zugunsten des Partners einzustellen, weil das Verhaltensziel beider Partner darin begründet liegt, volle Überlegenheit zu erreichen oder die Überlegenheit des Kampfpartners anerkennen zu können. Der Überlegene wird vom Unterlegenen respektiert, und er erfährt gleichzeitig seine Rolle in der Sozietät. Daraus ist abzuleiten, daß ein Nachgeben eines Partners zu keiner Beschwichtigung der Aggression, sondern eher zu einer Antriebssteigerung durch Antriebsstau führt, was wiederum neue aggressive Aktivitäten auslöst. Was hier für Tiere gesagt wurde, gilt wahrscheinlich auch für die menschliche Rangordnungsaggressivität. Es bedeutet, daß auch in einer menschlichen Gesellschaft von Gleichen Erfolgsstreben, Machtstreben, Unterordnung und Egoismus nicht auszuschließen sind. Es ist höchstens möglich, durch bewußte Lernvorgänge in einer Art humaner Partnerschaft die negativen Auswirkungen dieses Verhaltens zu mildern und für jeden erträglicher zu gestalten.

Nach Hassenstein ist beim Menschen eine angeborene Tendenz zur Aggressivität gegen Gruppenfeinde **nachzuweisen**. Bei Tieren wirkt diese Art der Aggressivität ansteckend auf die Gesamtgruppe und endet mit der Vertreibung oder Tötung des Gruppengegners. Tötungshemmende soziale Auslöser gibt es bei der Gruppenaggression nicht. Bei Menschen wird die Gruppenaggression durch Schaffung eines Feindbildes aktiviert. Sie äußert sich in verbalen Angriffen gegenüber einem möglichen oder wirklichen Gegner. Dieser wird nicht mehr als Mensch angesehen und daher verunglimpft, verlacht und diffamiert. Diese **diffamierende Aggression** erzeugt bei den Gruppenmitgliedern eine Art emotionale aggressive Begeisterung, die zur Solidarisierung innerhalb der Gruppe und zu einem geschlossenen Auftreten nach außen führt. Die durch diffamierende Aggression ausgelöste aggressive Begeisterung wird vom Einzelnen als »Schauder der Begeisterung« erlebt. Oft ist ein solches Verhalten vom Auftreten einer *Gänsehaut* begleitet. Diese körperliche Reaktion ist durch das Aufrichten der Körperhaare bedingt. Sie ist bei Tieren mit Haarpelz viel ausgeprägter und führt bei allen Formen des Angriffsverhaltens zu einer Vergrößerung des Körperumrisses und drückt eine aggressive Drohhaltung aus. Aufgrund der menschlichen Hautreaktion als Begleiterscheinung aggressiv getönter Situationen ist zu schließen, daß die Gruppenaggression beim Menschen eine biologische Wurzel hat, d.h. angeboren ist. Die diffamierende Aggression, hinter der als Verhaltensform der **Gruppenhaß** steckt, hat nicht mehr die Überzeugung des Gegners, sondern den Gegner selbst zum Ziel aggressiver Absicht. Die dadurch aktivierten Gegenreaktionen der anderen Gruppe steigert das aggressive Verhalten der ersten Gruppe. Es führt zu Beschimpfungen, Beleidigungen und undifferenzierten Haßausbrüchen. Die emotionale Situation schaukelt sich dann soweit auf, daß es zu Angriffen auf Sachen und Personen kommt. Schließlich droht die Gewaltanwendung; das letzte Stadium ist dann der offene Aufruhr, der mit Verletzung und Tötung des Gruppengegners enden kann. Die durch verbale Diffamierung angestachelte Gruppenaggression strebt im biologischen Bereich einen Zustand an, aus dem sich der Mensch selbst nicht mehr befreien kann. Der in einer so emotional aggressiv geladenen Situation Handelnde hat das subjektive Gefühl, nicht manipuliert zu sein, sondern freiwillig zu handeln. Überdies vermindert sich in diesem Zustand die Fähigkeit, **rational zu differenzieren**, d.h. das einsehbar Falsche eines Handelns als falsch zu beurteilen, bzw. durch Scheinargumente das Falsche als richtig zu deklarieren. Ein weiteres Merkmal des aggressiven Gestimmtseins ist das **Denken in Schablonen**. Begriffe wie fortschrittlich, demokratisch, kritisch werden nicht mehr ihrer inhaltlichen Bedeutung nach gebraucht, sondern nur als Schlagwörter zur Aktivierung aggressiv emotionaler Handlungen.

Eine weitere Form diffamierender Aggression äußert sich beim Menschen in der Diskriminierung von Gruppen. Diese Form der Aggression wird durch die Schaffung eines gruppenspezifischen **Feindbildes** (der Nigger, der Jude, der Zigeuner) aktiviert, indem eine Aufwertung der eigenen Gruppe durch Feststellung der Minderwertigkeit der anderen Gruppe provoziert wird. Als Folge dieses Prozesses entstehen dann **stereotype** Bilder oder Vorstellungen als **Sozialklischees** über bestimmte Gruppen, so daß keine unbefangene und objektive Bewertung dieser Gruppen mehr möglich ist. Diese Sozialklischees sind meist schwer abzubauen, wie die Verfolgung von völkischen oder religiösen Minderheiten auch in unserer Zeit beweisen.

Der diffamierenden Aggression mit ihrer Tendenz zur Eskalation läßt sich nur dadurch begegnen, daß jedes Mitglied einer Sozietät zur Fähigkeit erzogen wird, sie als biologisch bedingtes Verhaltensmuster zu erkennen. Diese Einsicht sollte den Menschen in die Lage versetzen, an die Stelle biologisch begründeten Handelns allein das durch Vernunft bestimmte sachliche Handeln und Argumentieren zu setzen.

Dem menschlichen Aggressionsverhalten als »historischem Ballast« steht das Mitleid gegenüber, das als angeborene Tötungshemmung aufgefaßt werden kann. Auslöser dafür sind das flehende Weinen und die gestikbestimmten Bettelbewegungen. Sie werden noch unterstützt durch kulturell entwickelte Verhaltensformen (Heben der Hände als Zeichen der Waffenlosigkeit, Kniefall als Zeichen der Unterwerfung). Solche Auslöser funktionieren nicht mehr mit absoluter Sicherheit, da moderne Nahkampfwaffen den Gegner so schnell töten, daß er nicht mehr an das Mitleid appellieren kann. Zudem verhindern moderne weitreichende Waffen den persönlichen Kontakt mit dem Gegner, so daß tötungshemmende Auslöser nicht mehr wirksam werden können.

Aggression muß nicht unbedingt schädliche und gefährliche Auswirkungen in Form kriegerischer Auseinandersetzungen haben. Vor allem wird der Umlenkung aggressiven Verhaltens auf sozial hochbewertete Tätigkeiten **(Sublimierung)** großes Gewicht beigemessen.

Streitgespräche zur Abklärung entgegengesetzter Meinungen, die Durchsetzung schöpferischer Ideen, Einsatzbereitschaft und Hingabe für soziale und humanitäre Ziele, zähe Ausdauer beim Lösen wissenschaftlicher und sozialer Probleme haben ihren Antrieb im aggressiven Verhalten des Menschen. Dieser Form der Umorientierung menschlicher Aggression ist ein Teil des Aufstiegs und der Entwicklung des Menschen zum Kulturwesen zu verdanken.

8.7 Menschliche Gesellschaft und Tradition

Das Leben des Menschen ist an das Leben in der Gruppe gebunden. Die einfachste natürliche Gruppe ist die **Kernfamilie**, die aus beiden Elternteilen und den Kindern besteht. Weitere Familiengruppen sind die schon institutionalisierten Gruppen der polygamen und patriarchalischen Familie. **Polygame Familien** entstehen durch mehrfache Heirat eines Ehepartners. In der **Patriarchalischen Familie** leben Angehörige verschiedensten Verwandtschaftsgrades zusammen. Ihr steht der Vater oder Großvater als absolut autoritäre Persönlichkeit vor. Von der natürlichen durch Blutsverwandschaft charakterisierten Gruppe der Familie gibt es viele Übergangsformen (Freundschaften, Wohngemeinschaften, Vereine, Klubs, Genossenschaften) zur künstlichen Gruppe, dessen extreme Form der **»Betrieb«** ist.

Der Vergleich zwischen der Kernfamilie und der künstlichen Gruppe »Betrieb« zeigt charakteristische Unterschiede: Die Zugehörigkeit und die Rolle der Mitglieder in einer Kernfamilie ist naturgegeben und die Beziehungen zueinander sind auf persönlich emotionalen Beziehungen begründet. Die Familie bietet den Mitgliedern Existenzerhaltung und Entfaltungsmöglichkeiten. Tradition und Wertstrukturen bilden die Grundlage der Familie und bestimmen primär die Interaktion innerhalb der Familie.

Ein »Betrieb« als Gruppe ist künstlich arrangiert. Die Mitglieder sind Gewordene durch Betriebszugehörigkeit und beliebig austauschbar. Die Rollen sind erworben und nicht natürlich bestimmt. Die persönlichen Beziehungen werden erst durch gemeinsame Arbeit und Nähe hergestellt. Werte und Traditionen entwickeln sich erst durch Identifikation mit der gewählten Situation. Die Existenzerhaltung und Entfaltung von eigenen Möglichkeiten ist sekundär, primär ist die Erzeugung von Produkten.

Ein Hinweis, daß das Leben des Menschen in Gruppen naturgegeben ist, zeigt u. a. die Mutter-Kind-Bindung und die Folgen bei ihrem Ausbleiben. Dies macht deutlich, daß der Mensch von Natur aus, d. h. angeborenermaßen, ein soziales Wesen ist. Die Gruppe bietet Schutz, Sicherheit, Wärme und kommt auch in gleichem Maße den elementaren Bedürfnissen und Erwartungen des Menschen nach Kommunikation, persönlicher Zuwendung emotional gewünschten Beziehungen, Treue und Hilfsbereitschaft entgegen. Jede Form der Entfremdung des Einzelnen gegenüber dem Mitmenschen führt zu einer Art Verlassenheitsangst, die sich im Gefühl der Verlorenheit und des Alleinseins äußert und zu tiefgreifenden Änderungen der Gesamtpersönlichkeit eines Menschen führen kann. Die Ansicht, daß **soziales Miteinander** ein *konstitutives* Element menschlichen Daseins ist und biologische Wurzeln hat, spiegelt sich in den Bemühungen um einen humanen Strafvollzug, in der Resozialisierung ehemaliger Strafgefangener, in der Hilfe für geistig und körperlich Behinderte sowie in der Betreuung alter und einsamer Menschen wider.

Das Leben in Gruppen ist nicht frei von Spannungen und Konflikten, zumal verschieden motivierte Aggressionen innerhalb und zwischen Gruppen auch im menschlichen Bereich wirksam sind. Durch den Mangel angeborener Antriebskontrollen muß der Mensch sich selbst Kontrollmechanismen durch Setzung von *Normen* verschaffen, um den Zusammenhalt der Gruppe zu gewährleisten. Dieser Funktion dienen gruppenspezifische Verhaltensweisen, die durch **kulturelle Ritualisierung** entstehen. Diese Form der Ritualisierung hat mit den stammesgeschichtlich entstandenen Riten der Tiere folgendes gemeinsam: Die ursprüngliche Funktion eines durch die Kultur bedingten Verhaltens wird in einen anderen Funktionskreis übernommen, das Verhalten wird demonstrativ übertrieben und verselbständigt und wirkt, wenn es einmal gefestigt ist, genauso starr wie das stammesgeschichtlich entwickelte ritualisierte Verhalten. Das Lüften des Hutes bei Begrüßung von Bekannten hat sich kulturgeschichtlich aus dem Abheben des schützenden Helms, das Antippen des Mützenrandes mit dem Finger oder der Hand (Soldatengruß, Faschingsgeste u.a.) aus dem Hochheben des Visiers an den Ritterrüstungen entwickelt. Die ursprüngliche Funktion solcher Handlungen war die Darbietung verletzbarer Körperteile nach dem Kampf als Zeichen der Aufgabe und Unterwerfung. Sie wurden zu Grußzeremonien ritualisiert, die jetzt beschwichtigende Funktionen haben.

Durch kulturelle Ritualisation haben sich im Laufe der Kulturgeschichte in einzelnen Kulturgruppen spezifische **Handlungsmuster** wie Zeremonien, Manieren (Tischmanieren, Begrüßungsgesten), gruppenbildende Gewohnheiten (Haltungen), besondere Kleidung (»Uniform«), modifizierte Sprachgewohnheiten (»Jargon«) herausgebildet, die den Gruppenzusammenhalt weiter festigen. Dieser wird noch gesteigert durch die Abschirmung der Gruppe gegen gruppenfremde Einflüsse. Jedes Gruppenmitglied ist daran interessiert, die zugewiesene und angenommene Rolle zu behalten und zu beschützen und die Rollenfunktion nicht durch Außeneinflüsse stören zu lassen. Der dadurch aktivierte **Gruppenegoismus** führt zum Mißtrauen gegenüber anderen Gruppen. Das Zusammengehörigkeitsgefühl und die Abkapselung wird noch durch die Entwicklung der genannten gruppenspezifischen Handlungen gefördert. Durch Ritualisierung und Abschirmung können innerhalb einer großen Kulturgruppe Untergruppen, Subkulturen, entstehen, die sich in ihrem Verhalten deutlich unterscheiden. Die Absetzung einzelner Gruppen voneinander ist dem Prozeß sehr ähnlich, wie sich in der Stammesgeschichte aus einer Art Unterarten und daraus neue Arten bilden. Man spricht daher beim Menschen von Scheinartenbildung **(Pseudospeziation)**.

Die durch kulturelle Ritualisierung entstandenen Normen und Ordnungsmuster sind das Skelett jeder Kultur. Gefahren entstehen aber dann, wenn sich die Gruppen in ihren kulturell bestimmten Verhaltensweisen so weit auseinanderentwickeln, daß die vorher verbindlichen sozialen Signale als Norm nicht mehr verstanden werden. Damit reißt zwischen den Gruppen die verbindende Tradition ab, was zu schweren Störungen der Sozietät führen kann. Dieser Prozeß führt zu Konflikten zwischen den einzelnen Gruppen, der sich noch durch Wissen und Aufklärung verschärft. Die Starrheit kulturell entstandener Riten verhindert andererseits ihre Anpassung an die Änderung äußerer Verhältnisse, die vor allem durch die rasche technologische Entwicklung stark beschleunigt wird. Kulturelle Normen bedürfen daher der dauernden Überprüfung, ob sie noch in die derzeitige Kultur passen. Es ist allerdings schwer zu beurteilen, welche der vorgegebenen kulturell bedingten ritualisierten Verhaltensweisen und Normen unentbehrlich und welche für die Erhaltung menschlicher Gesellschaft entbehrlich sind. Dieses Nichtwissen darf aber nicht die Konsequenz haben, die Gesamtheit der durch Tradition überlieferten Normen sozialen Verhaltens radikal zu ändern und damit die Tradition selbst abreißen zu lassen. Das müßte zweifellos zum Verfall und zur Auslöschung einer Kultur führen.

Für die **Traditionsbildung beim Menschen** sind Sprache und Schrift von wesentlicher Bedeutung. Bei Tieren ist Tradition stets **objektvermittelt**, d. h. die individuelle Erfahrung eines Tieres kann nur durch Demonstration am Objekt einem anderen Tier vermittelt werden. Die Erfahrung eines Menschen kann unabhängig vom Objekt mittels Symbolen beschrieben und weitergegeben werden. Sie muß auch nicht mehr von diesem bewahrt werden, er kann sie als Erfahrungsdaten in Form der Schrift als eine Art konservierter Sprache speichern und weitergeben. Erfahrungen werden somit unabhängig von ihrer Objektgebundenheit. Ein Tier als Traditionsempfänger kann die Erfahrung eines Traditionsgebers nur in Anwesenheit der Erfahrungsobjekte vermittelt bekommen. Nur bei *Bienen* wird die individuelle Erfahrung nicht durch das Objekt, sondern durch die Symbolik der Tanzsprache, die Richtung, Entfernung und Ergiebigkeit einer Trachtquelle angibt, übermittelt. Die Weitergabe von individuellen Erfahrungen bezieht sich aber nur auf die Übermittlung der eigenen Erfahrung und nicht auf die Übernahme und Weitergabe der Erfahrung anderer Individuen. Eine Biene kann daher nicht die aus der Tanzsymbolik anderer Individuen abgelesene Information direkt an Artgenossen weitergeben. Sie muß den Trachtflug selbst durchführen und dann die Information übermitteln.

Die symbolvermittelte Tradition durch Schrift und Tonträger beschleunigt erheblich ihre Weitergabe und hat zudem eine große Breitenwirkung. Dieser Prozeß wird noch durch die Datenspeicherung in Datenbanken gefördert. Es ist kennzeichnend für die **kulturelle Evolution** des Menschen, daß die rasche kulturelle Entwicklung erst mit der Erfindung der Schrift einsetzte. Die Entstehung der ersten Hochkulturen und das erste Auftreten der Schrift laufen parallel. Beschleunigt wurde die Kulturentwicklung durch die Erfindung des Buchdrucks. Mit der Möglichkeit der Datenspeicherung besitzt der Mensch ein System, erworbene Information fast unbegrenzt zu speichern, weiterzugeben und anzuwenden. Diese Tatsache vergrößert in Zukunft noch weiter den Abstand zwischen Mensch und Tier.

8.8 Sexualverhalten des Menschen

Unter Sexualität versteht man im landläufigen Sinne alle Vorgänge, die mit der Paarung zwischen zwei geschlechtlich verschiedenen Individuen verbunden sind. Dieser Vorgang scheint untrennbar mit Befruchtung und Vermehrung verbunden zu sein. Diese enge Koppelung von Paarung und Reproduktion ist, wie aus vergleichenden Untersuchungen an Tieren hervorgeht, nicht absolut gegeben. Die Konjugation des Pantoffeltierchens ist nicht mit einer Vermehrung gekoppelt. Sie dient der Neukombination des Erbgutes, um die genetische Variation zu sichern. Einige Tierarten (Wasserflöhe, Stabheuschrecken u.a.) vermehren sich eingeschlechtlich (parthenogenetisch). Bei Molchen erfolgt die Befruchtung ohne Körperkontakt, indem das Weibchen das vom Männchen abgesetzte Samenpaket (Spermatophore) aufnimmt. Bei manchen dauermonogamen Arten (z.B. Graugans, Gimpel u.a.) verheiratet sich bei Tod oder Krankheit eines Ehepartners der andere nicht mehr. Auch hier ist eine Trennung zwischen Partnerbindung und Fortpflanzung sichtbar.

Das sexuelle Verhalten des Menschen ist dreifach motiviert. Es dient der **Paarbildung**, der **Fortpflanzung** und der **individuellen Partnerbindung.** Die Paarbildung wird durch das Ansprechen der Partner auf angeborene sexuelle Auslöser eingeleitet. Ähnlich dem im Brutpflegebereich wirksamen Kindchen-Schema beeinflußt im Sexualbereich das **Mann-und-Weib-Schema** (Abb. 49) die Verhaltenstendenz für sexuelle Reaktionen.

Das **Weib-Schema** ist durch folgende Merkmale gekennzeichnet: weiche Gesichtszüge, ausgeprägte Brüste, schmale Schultern, breite Hüfte und wohlgeformte lange, schlanke Beine. Das **Mann-Schema** ist durch markante Gesichtszüge, breite Schultern, schmale Hüften, hervortretendes Muskelprofil und Bartwuchs gekennzeichnet. Die Bereitschaft zum Ansprechen auf diese sexuellen Auslöser nutzt die Werbung aus, indem sie Einzelmerkmale, z.B. des Weib-Schemas wie Schlankheit, Beinlänge, Augen, »Kuß«mund, schwellende Brüste, schmale Taille – breite Hüften übertreibt (= Schaffung supranormaler Attrappen) oder sie wirksam miteinander kombiniert. Auch die Merkmale des Mann-Schemas werden in gleicher Weise werbewirksam übertrieben.

Die Kenntnis dieser reizwirksamen Auslöser ist aus verschiedenen Kulturkreisen bekannt. In den Figuren indischer Miniaturen des 14. u. 15. Jahrhunderts findet man nach DAHMEN-DALLAPICOLA »die Ideale der klassischen indischen Ästhetik. Die Männer haben immer noch die berühmte »Löwengestalt« mit breiten Schultern, breiter Brust und einer sehr engen Taille. Die Frauen haben einen vollen Busen, eine enge Taille und schwungvolle Hüften.« In gleicher Weise ist in griechischen und altkretischen Skulpturen und Statuetten (Abb. 49) das Mann-Weib-Schema treffend erfaßt.

Nach EIBL-EIBESFELDT fördern die **Kokettierbewegungen** der Frau, bei denen besonders die Hüfte, Beine und Brust zur Geltung kommen, den verschiedengeschlechtlichen Kontakt. Diese Bewegungen können als ritualisiertes Weglaufen der Frau aufgefaßt werden, um die Nachfolgereaktion des Mannes auszulösen. Das **Flirtverhalten** mit Blickkontakt – Kopfsenken und Niederschlagen der Augenlider, verbunden mit einem Wechsel der Blickrichtung – entspricht einer ritualisierten Abwendebewegung, die in den Dienst der Paarbildung gestellt wurde. In gleicher Weise wirken auch die aus dem Körper- und Brutpflegeverhalten ableitbaren ritualisierten Verhaltensweisen des Streichelns, Umarmens und Küssens.

Eine besondere Rolle spielt die **weibliche Brust** sowohl in der Beziehung der Geschlechter untereinander als auch bei der sozialen Bindung. Die Signalbedeutung der Brust für die soziale Bindung hat sie über die bindende Funktion bei Säuglingen und Kleinkindern erhalten. Bei vielen Naturvölkern, welche die Brust noch nicht verhüllt haben, fliehen Kleinkinder bei Angstzuständen zur Mutter, nehmen die Brustwarze in den Mund, ohne dabei zu trinken, und beobachten beruhigt die sie schreckende Umgebung. Auch bei Erwachsenen wirkt das Bergen des Kopfes an der Brust beruhigend.

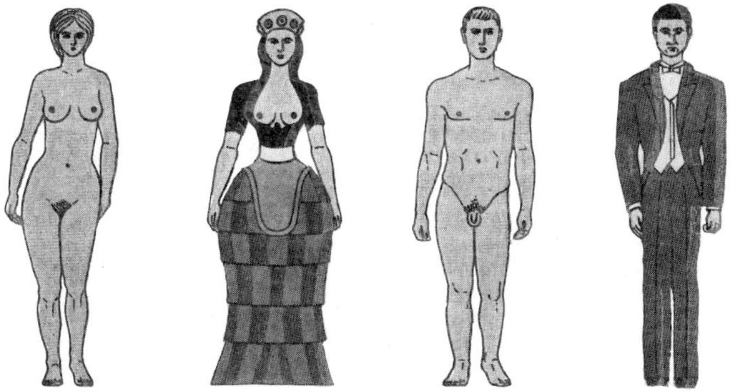

Weibliche Figur (nach Praxiteles)

Betonung weiblicher Merkmale durch Kleidung (nach einer Statuette aus Knossos, Kreta; 2. Jt. v. Chr.)

Männliche Figur (nach Polyklet)

Betonung männlicher Proportionen durch Kleidung

Abb. 49: Mann- und Weibschema und die Betonung entsprechender Merkmale durch die Kleidung.

Die von der Fortpflanzung losgelöste partnerbindende Funktion sexueller Verhaltensweisen ist auch bei Affen nachweisbar. Bei ihnen wird sexuelles Verhalten ohne sexuelle Motivation in den Dienst der Gruppenbindung gestellt. Bei Pavianen wurde die weibliche Begattungsaufforderung – Zudrehen der Kehrseite – zur Gruß- und Beschwichtigungsgeste gegenüber ranghöheren Tieren ritualisiert. Nicht sexuell motiviert ist auch bei Affen das sogenannte Genitalpräsentieren (**phallisches Imponieren** Abb. 50). Die Männchen bedrohen einen Artgenossen, indem sie ihre äußeren Genitalien besonders zur Schau stellen. Bei Pavianen und Meerkatzen dient ein solches Verhalten zur Revierabgrenzung. Wenn die eigene Gruppe an einem Nahrungsplatz weidet, sitzen mehrere Männchen, mit dem Rücken zur Gruppe gewandt, und präsentieren ihre Genitalien. Bei Annäherung eines Gruppenfremden erigiert der Penis dieser Gruppenwächter. Die Existenz solcher der Abwehr dienender *nicht sexuell motiverter* Drohgesten weist auf die nichtsexuelle Bedeutung von *phallischen Statuen* hin. Im alten

Griechenland standen an Wegkreuzungen, Feldbegrenzungen und Hauseingängen kleine aus Stein gehauene Säulen *(Hermen)*, die oben einen Männerkopf trugen und auf halber Höhe einen erigierten Penis zeigten (Abb. 51). Sie haben Ähnlichkeit mit Wächterfiguren verschiedener Naturvölker. Die Figuren stehen mit dem Rücken zum bewachten Objekt vor Häusern und Tempeln und dienen der Abwehr von Dämonen und bösen Geistern. Solche phallische Zeichen sind als Symbole für Macht und Rangdemonstration mit nichtsexueller Signalfunktion anzusehen.

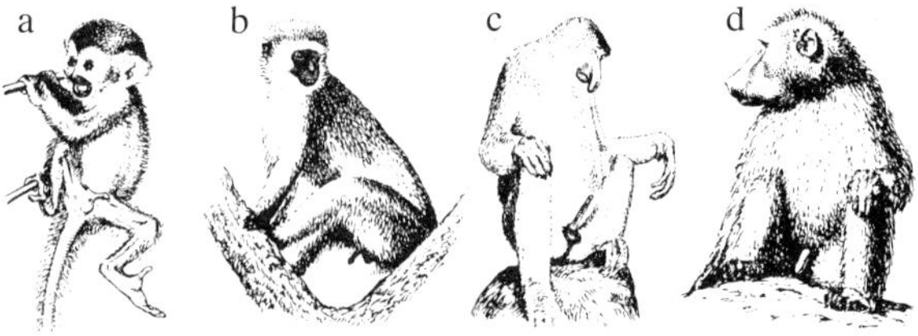

Abb. 50: Genitalpräsentieren bei männlichen Affen. a) Totenkopfaffe, b) Meerkatze, c) Nasenaffe, d) Mantelpavian.

Das sexuelle Verhalten des Menschen ist *nicht ausschließlich* auf Fortpflanzung ausgerichtet. Es dient im gleichen Maße der individuellen **Partnerbindung**. Diese ist notwendig, weil durch die lange Jugendentwicklung des Menschen die nährende und pflegende Mutter des Schutzes bedarf, um der nachhaltigen und intensiven Jungenbetreuung nachgehen zu können. Dies ist aber nur möglich, wenn sie durch einen individuellen Partner beschützt und versorgt wird. Dieser stammesgeschichtliche Neuerwerb der individuellen Partnerbindung durch den Geschlechtsakt dokumentiert sich auch in besonderen Entwicklungen, die für das partnerbindende sexuelle Verhalten des Menschen kennzeichnend sind. Die Frau ist in ihrer geschlechtlichen Aktivität unabhängig vom Zyklus der Empfängnisbereitschaft. Diese Aktivität hält auch noch während der Schwangerschaft und über die Menopause hinaus an, also in Situationen, in denen keine Nachkommen erwartet werden können. Die Frau kann daher sexuellen Triebwünschen des Mannes, dessen geschlechtliche Potenz bis ins hohe Alter anhält, dauernd entgegenkommen und den Mann emotional über die Erfüllung seines Triebwunsches binden. Die Bindung ist wechselseitig, da die Frau wie der Mann ein mit dem Orgasmus verbundenes seelisches und körperliches Erleben hat und dadurch auch an den Partner gebunden wird. Als wesentliches Moment tritt das **subjektive Erleben** des

Aktes hinzu. Das gegenseitige Sichbeschenken der Partner, das Gefühl der menschlichen Entsprechung, das im Akt erlebt wird, das Bewußtsein, nicht an die Zeugung von Nachkommenschaft gebunden zu sein, sondern ausschließlich der partnerschaftlichen Zuwendung zu dienen, schafft die notwendige Innigkeit von Partnern und damit die Grundlage für das gesunde und optimale Aufwachsen der eigenen Kinder.

Die eheartige angeborene individuelle Partnerbindung muß nicht mit **monogamer Dauerpartnerschaft** in Form der Kernfamilie identisch sein. Auch in polygamen menschlichen Gemeinschaften besteht eine dauerhafte individuelle Bindung zwischen Partnern. Die in verschiedenen polygamen und patriarchalischen Gesellschaften aufzeigbare Tendenz zur Monogamie beruht, biologisch gesehen, auf einer besseren Sicherung der artgemäßen Partnerwahl sowie auf der Verlängerung der Lern- und Ausbildungsphase der Kinder in einer differenzierten und industrialisierten Gesellschaft. Die Übermittlung von Wissen und selbstgewonnener Erkenntnis durch die Eltern erfordert lange und individuelle Betreuung der Jugendlichen, die in der familiären, individuellen Gemeinschaft vorteilhafter zu sein scheint als in einem größeren Verband, insbesondere, wenn beide Eltern in dem zu übermittelnden Wissensgut übereinstimmen.

Abb. 51: Figurales phallisches Imponieren als Schutz- und Abwehrzeremoniell beim Menschen. a) Herme aus Siphnos 66 cm hoch), b) Hauswächterfigur der Insel Nias, c) Wächterfigur aus Bali.

8.9 Normen und Normenfindung

Die Bedeutung des sexuellen Verhaltens des Menschen wirft die Frage nach den Normen des Verhaltens und der Normenfindung auf. Das soziale Leben des Menschen wird durch Bestimmungen geregelt, wie sich der Einzelne in der Gemeinschaft und die Gemeinschaft nach außen zu verhalten hat. Solche Bestimmungen nennt man Normen. Sie sind *Anweisungen* zur Ausrichtung eines Verhaltens auf ein Ziel. Die Normen werden vielfach als das Ergebnis eines Findens von Naturgegebenheiten aufgefaßt, die absolut gelten. So gilt z.B. die Monogamie als weitverbreitetste Form der Ehe in unserer Gesellschaft als Norm des primären Zusammenlebens. Ethnologische Forschungen zeigen aber auf, daß in verschiedenen Kulturgruppen andere Formen der Ehe vorliegen, wie z.B. Polygamie (Polyandrie, Polygynie) und Saisonehen. Wie oben schon dargelegt, ist die Tendenz zur Monogamie durch gesellschaftliche und kulturelle Faktoren mitbedingt und nicht nur durch natürliche Gegebenheiten (etwa einem »monogamen Instinkt«). Angelegt ist das soziale Miteinander. Welche Eheform als normativ zu gelten hat, entscheidet nicht das tatsächliche Vorfinden einer bestimmten Eheform (= *normative Kraft des Faktischen*), sondern die sinnvolle Einpassung der betreffenden Ehe- und Lebensform in das Lebensgefüge der betreffenden ethnischen Gruppe.

Aufgaben zu Abschnitt 8

1. Die Sonderstellung des Menschen dokumentiert sich im aufrechten Gang, der zentralgesteuerten universalen Greifhand, der Fähigkeit zur Schaffung einer eigenen Umwelt und in weiteren typischen Kennzeichen. Welche sind dies?
2. Wie lassen sich die Jungentypen der Säugetiere kurz charakterisieren.
3. Wie begutachtet man die Sonderstellung des menschlichen Säuglings gegenüber den Jungentypen der Säugetiere?
4. Welche Hinweise gibt es, daß die Gruppenaggression beim Menschen eine biologische Wurzel hat?
5. Welche aggressionsdämpfende Mechanismen sind beim Menschen zu beobachten?
6. Die Stiftung der Mutter-Kind-Bindung in einer sensiblen Periode wird auf einen prägungsähnlichen Lernvorgang zurückgeführt. Welche Argumente sprechen für diese Ansicht?
7. Welche Fehlentwicklungen können beim Menschen auftre-

ten, wenn in der sensiblen Periode die Bildung der Mutter-Kind-Bindung gestört wurde?

8. Welche Vor- und Nachteile hat die kulturelle Ritualisation beim Menschen?

9. Welche Hinweise gibt es, daß das Sexualverhalten des Menschen nicht ausschließlich der Fortpflanzung dient?

10. Welche angeborenen Reaktionen und AAMs sind beim Menschen nachgewiesen?

11. Welche Gründe sind maßgebend, daß ein Trend zur monogamen Eheform auch in bisher polygamen Gesellschaften sichtbar ist?

9. Erklärung ethologischer Fachbegriffe

AAM: Kurzform für: Angeborener auslösender Mechanismus

Abstraktion: Abziehen unterschiedlicher zeitlicher und räumlicher Eigenschaften von einem Gegenstand oder Vorgang, so daß nur noch die übereinstimmenden (invarianten) Eigenschaften übrig bleiben.

Adaptation: Anpassung der Merkmale und Verhaltensweisen eines Lebewesens an die Umwelt, so daß seine Überlebenschancen vergrößert werden.

Aggregation: Lockere Ansammlung von Tieren, die nicht durch Sozialbeziehungen, sondern durch günstige Umweltbedingungen zustandekommen (z.B. Schlafgemeinschaften einiger Vogelarten, Überwinterungsgemeinschaften der Fledermäuse).

Afferente Impulse: Nervenerregungen, die von den Rezeptoren zum Zentralnervensystem laufen.

Aggression: Angriffs- und Drohverhalten, das gegen Artgenossen (intraspezifische Aggression) oder gegen Artfremde, z.B. Freßfeinde (interspezifische Aggression) gerichtet ist.

Agonistisches Verhalten: Gesamtheit der Verhaltensweisen von Flucht und Angriff.

Aggressivität: Stärke der Aggressionsbereitschaft.

Aktion: Spontan auftretendes Verhalten, das nicht von Außenreizen ausgelöst wird.

Altruismus: Uneigennütziges Verhalten, bei dem ein Tier unter Vernächlässigung des eigenen Wohls sich für Artgenossen einsetzt.

Analogieschluß: Schlußweise, durch die lediglich die funktionelle Ähnlichkeit eines Verhaltens festgestellt, nicht aber eine stammesgeschichtlich bedingte Ähnlichkeit behauptet wird.

Angeborenes Verhalten: Genetisch festgelegtes Verhalten. Der

Begriff »angeboren« besagt nicht, daß z.B. eine Verhaltensweise schon bei der Geburt fix und fertig vorliegt und daß die Umwelt keinen Anteil bei der Ausbildung hat.

Angeborener auslösender Mechanismus: In der Stammesgeschichte herausgebildeter nervöser Mechanismus der aus allen von den Sinnesorganen aufgenommenen Reizen nur den Schlüsselreiz ausfiltert und dadurch die zu ihm gehörige Instinkthandlung auslöst.

Angeborenes Schema: Vorläufer des Begriffs angeborener auslösender Mechanismus, heute z.B. noch im Begriff Kindchenschema gebräuchlich.

Anonymer Verband: Gruppe von Tieren, die sich nur aufgrund des allgemeinen Artbildes und artgleicher Merkmale erkennen.

Antagonismus: Gegeneinanderstehen von Vorgängen und Verhaltensweisen (z.B. von Streck- und Beugemuskel oder Angriff und Flucht).

Antrieb: (Drang) Angeregter Zustand der Bereitschaft zu einem bestimmten Verhalten.

Appetenzverhalten: Suchverhalten. Aktives Suchen nach Schlüsselreizen, die Instinkthandlungen auslösen. Appetenzverhalten verbraucht nicht die reaktionsspezifische Energie für eine Instinkthandlung.

Assoziation: Verknüpfung von nervösen Erregungen bzw. Erregungsmustern zu neuen Erregungsmustern.

Attrappe: Nachbildung von Reizmerkmalen, an einem naturnahen Modell, dienen zur Prüfung der Auslösung von Verhaltensreaktionen, um die wesentlichen Merkmale eines Schlüsselreizes oder eines Auslösers zu analysieren.

Auslöser: Bezeichnung für angeborene auslösende Reize, die zwischen Artgenossen wirksam sind. Ein Auslöser ist ein Signalreiz zur gegenseitigen Verständigung von Artgenossen. Seine Hauptaufgabe ist im Gegensatz zum Schlüsselreiz das Auslösen einer Antwort beim Artgenossen.

Automatismen: Durch autonome zentralnervöse Vorgänge, d.h. unabhängig von äußeren Reizen ausgelöste Bewegungen.

Aversion: Meideverhalten.

Balz: Sammelbegriff für alle Verhaltensweisen, welche der Paarbildung, Paarbindung und der Begattungseinleitung dienen.

Bedingt: Kurzausdruck für: durch Erfahrung bedingt.

Bedingte Appetenz: Lernvorgang, bei dem ein ursprünglich neutraler Reiz, durch angenehme Erfahrung so mit einem Appetenzverhalten verknüpft wird, daß künftig das Appetenzverhalten durch diesen Reiz ausgelöst wird.

Bedingte Aktion: Lernvorgang, bei dem durch Erfahrung eine ursprünglich neutrale Verhaltensweise mit einem Verhalten in der Weise verknüpft wird, daß das künftige Verhalten sich der Verhaltensweise bedient, um ein Ziel zu erreichen.

Bedingte Aversion: Lernvorgang, bei dem ein schädigender Reiz durch Erfahrung so mit einem Verhalten verknüpft wird, daß künftig die entsprechende Reizsituation gemieden wird.

Bedingte Hemmung: Lernvorgang, bei dem eine Verhaltensweise mit nachteiligen Folgen durch Erfahrung so mit einem Verhalten verküpft wird, daß künftig das entsprechende Verhalten gehemmt wird.

Bedingter Reflex: Lernvorgang, bei dem ein neutraler Reiz mit dem reflexauslösenden Reiz so gekoppelt wird, daß künftig der neutrale Reiz zum reflexauslösenden Reiz wird.

Behaviourismus: Richtung der Psychologie, welche die Beziehung zwischen Verhaltensweisen und ihren auslösenden Bedingungen experimentell untersucht und die alles Verhalten als Ergebnis von Lernvorgängen ansieht.

Bekräftigung (reinforcement): Erhöhung der Lernbereitschaft durch Belohnung.

Beschwichtigungsgebärde: Ausdrucksverhalten, daß auf die Aggression eines Artgenossen hemmend wirkt, angewandt vor allem zwischen Eltern und Jungen, Sexualpartnern und Gruppenmitgliedern.

Demutsgebärde: Besonders ausgeprägte Verhaltensweise zur Hemmung der Aggression des Gegners. Verhindert Verletzung oder Tötung des Unterlegenen.

Deprivation: Ausschluß eines Individuums oder Fehlen von beständigen Sozialkontakten mit anderen Artgenossen.

Doppelte Quantifizierung: Die Abhängigkeit einer Instinkthandlung von der Stärke des Antriebs und der Stärke des Schlüsselreizes, bzw. Auslösers.

Drohgebärde: Auffällige Verhaltensweise, die den Gegner einschüchtern soll, bzw. seine Aggressionstendenz soweit herabsetzen soll, daß es nicht zum Kampf kommt.

Duftmarkierung: Anbringen von Duftmarken zur Kennzeichnung der Anwesenheit des Revierbesitzers oder der Abgrenzung eines Reviers.

Einsichtiges Verhalten: Verhalten, das durch Kombination von Engrammen angeborener und/oder erlernter Handlungen so abläuft, daß ein angestrebtes Ziel erreicht wird, ohne daß der Weg zum Ziel vorher erlernt wurde.

Endhandlung: Erbkoordination, die am Ende einer Folge von

Appetenzhandlungen bzw. Instinkthandlungen steht.

Engramm: Gedächtnisspur, die durch eine bestimmte Verschaltung (ein Schaltungsmuster) von Nervenzellen im zentralen Nervensystem entsteht.

Erbkoordination: Angeborene, artspezifische, starre und formkonstante Bewegungsfolge (Bewegungsnorm).

Erkundungsverhalten: Verhalten, durch das ein Tier seine räumliche Umgebung untersucht.

Ersatzbefriedigung: Handlung an einem falschen Objekt, wenn ein Antrieb aktiviert ist, aber das zur Befriedigung nötige Objekt nicht vorhanden ist.

Ethogramm: Vollständige Aufstellung sämtlicher Verhaltensweisen einer Tierart (einschließlich der Lautäußerungen).

Ethologie: Vergleichende Verhaltensforschung. Sie erforscht durch vergleichende Betrachtung das Verhalten der Tiere in ihrer Anpassung an die Umwelt und ihre Entstehung durch Evolution.

Extinktion: Auslöschen einer erlernten Verknüpfung eines Reizes mit einer Verhaltensweise, weil die Verstärkung bei der Wiederholung dieses Verhaltens ausbleibt.

Fototaxis: Orientierungsreaktion, bei der das Licht die Raumstellung steuert.

Funktionskreis: Gesamtheit aller Verhaltensweisen, die der gleichen biologischen Aufgabe dienen (z.B. der Brutpflege, Balz, usw.)

Frustration: Gefühlszustand beim Menschen, der durch Versagung von Triebwünschen entsteht. In der Verhaltensforschung spricht man von Frustration, wenn ein Tier durch äußere Einflüsse am Ablauf eines Verhaltens gehindert wird.

Gedächtnis: Fähigkeit, Informationen längere Zeit zu behalten.

Generalisation: Vorgang, bei dem das herausgehoben wird, was vielen Objekten, Vorstellungen bzw. Vorgängen gemeinsam ist.

Gestalt: Eine räumliche oder zeitliche Ganzheit, die aus Elementen aufgebaut ist und Eigenschaften besitzt, die nicht aus der Summe der Eigenschaften der Einzelelemente ableitbar ist.

Habituation: Reizgewöhnung. Bei wiederholt gesetztem gleichem Reiz unterbleibt eine Antwort auf den Reiz.

Handlungskette: Nach einem festgelegten Programm ablaufende Handlungsfolge aus aufeinanderfolgende Einzelhandlungen.

Homologie: Übereinstimmung im Körperbau und Verhalten durch Abstammung von gemeinsamen Vorfahren.

Hospitalismus: Psychische und körperliche Störungen durch unterbliebene Bindung des Säuglings an eine betreuende Person.

Identifikation: Übernahme und Nachahmung eines Verhaltens einer Autorität oder einer Gruppe infolge enger Verbundenheit mit ihr.

Imponierhaltung: Verhalten, das auf gleichgeschlechtliche Artgenossen abschreckend und auf das andere Geschlecht anziehend wirkt.

Individualdistanz: Entfernung, auf die sich bei Distanztieren zwei Artgenossen nähern kännen ohne Aggressionen auszulösen.

Individualisierter Verband: Gruppe von Artgenossen, die sich individuell kennen (z.B. am Geruch, am Aussehen, an der Stimme).

Instinkt: Angeborener, nervöser Verhaltensmechanismus, der sich in koordinierten Bewegungen, den Erbkoordinationen, äußert und der durch bestimmte Reize über einen Auslösemechanismus in Gang gesetzt werden kann.

Instinkthandlung: Geordnete Bewegungsfolge aus angeborenen Handlungsformen, die mit einer Instinktbewegung abschließt.

Instinktbewegung: Erbkoordination.

Instinkt-Dressur-Verschränkung: Älterer ethologischer Begriff, der ausdrückt, daß in einem Verhaltensablauf angeborene und erlernte Verhaltensweisen miteinander abwechseln können:

Integration: Der Begriff hat mehrere Bedeutungen: a) Eingliederung nichtblutsverwandter Individuen in eine Gruppe; b) Zentralnervöse Verschaltung von Neuronen – z.B. in sog. Zentren – und die daraus resultierende Bildung neuer Erregungsmuster aus verschieden einlaufenden Erregungen.

Intentionsbewegung: Instinktbewegung, die infolge niedrigen Antriebs unvollständig abläuft oder nur angedeutet wird.

Kaspar-Hauser-Versuch: Aufzucht von Tieren unter weitgehendem Erfahrungsentzug durch Isolation von Artgenossen und Umwelt. Der Versuch dient zur Erforschung angeborener Verhaltensweisen. Er ist nach dem Findelkind Kaspar Hauser (1812–1832) benannt, das 1828 in Nürnberg auftauchte und angeblich bis zu diesem Zeitpunkt in einem finsteren Gelaß in Gefangenschaft gehalten wurde, ohne je einen Menschen gesehen zu haben. Angeblich soll Kaspar Hauser ein Sohn des Großherzogs Karl von Baden oder von Napoleon I. gewesen sein.

Kindchenschema: AAM der auf Kombination von Reizmerkmalen der Kopfform von Kleinkindern oder Jungtieren anspricht und Pflegeverhalten auslöst.

Kommentkampf: Rivalenkampf, der nach festen Regeln abläuft, eine Verletzung des Gegners aber vermeidet, und dem ein intensives Drohverhalten vorausgeht.

Kommunikation: Austausch von Signalen zwischen Individuen zur gegenseitigen Verständigung.

Konditionierung: Ausbildung einer Lernhandlung durch Belohnung oder Strafe.

Konfliktverhalten: Verhaltensweisen, die bei gleichzeitiger Aktivierung entgegensetzter Verhaltenstendenzen (z.B. Angreifen und Flüchten) auftreten.

Koordination: Abstimmen, bzw. Angleichen verschiedener Tätigkeiten (z.B. Bewegungen) aufeinander, so daß daraus ein einheitliches Miteinander unterschiedlicher Tätigkeitsformen wird.

Kritische Distanz: Individualdistanz.

Kritische Periode: Sensible Phase.

Leerlaufhandlung: Spontaner Ablauf einer Instinkthandlung, ohne daß ein auslösender Reiz erkennbar ist.

Lerndisposition: Erblich fixiertes Vermögen lernen zu können.

Lernen: Durch Erfahrung bedingte Verhaltensänderungen: setzen Aufnahme und Speicherung von Informationen voraus.

Libido: Luststreben, geschlechtliche Erregung.

Manipulation: Bewußte und gezielte Steuerung des Verhaltens.

Markierungsverhalten: Kennzeichnung eines Territoriums (Revier) durch bestimmte Verhaltensweisen (Duftmarken setzen, eigene optische Zurschaustellung, Lautgebung).

Mimikry: Signalfälschung bzw. täuschende Nachahmung von Signalen.

Bates-sche Mimikry: Nachahmung einer durch Wehrhaftigkeit oder schlechten Geschmack geschützten Art durch andere Arten, welche nicht geschützt sind. (Beispiel: Hornissenschwärmer, Wespenbock, Schwebfliegen ahmen Wespen nach)

Müller'sche Mimikry: Nachahmung einer durch schlechten Geschmack vor Freßfeinden geschützten Art durch andere Arten, die ebenfalls ungenießbar sind.

Peckham'sche Mimikry: Räuberische Arten ahmen ihre Nahrungstiere nach (z.B. Anglerfisch).

Moralanaloges Verhalten: Ein angeborenes Verhalten, das die Tötung eines Artgenossen durch tötungshemmende Auslöser verhindert.

Motivation (Trieb, Stimmung): Handlungsbereitschaft eines Individuums zu einem bestimmten Verhalten.

Motivierende Faktoren: Einflüsse, welche die Handlungsbereitschaft für ein bestimmtes Verhalten bestimmen (Außenreize, Innenreize, Hormone).

Mutter-Kind-Bindung: Prägung eines Säuglings auf eine Bezugsperson, an die er dann gebunden ist.

Neugierverhalten: Die spielerische Untersuchung neuer Objekte und neuer Situationen zum Sammeln neuer Kenntnisse.

Ödipale Phase: Nach psychoanalytischer Vorstellung eine zwischen dem vierten und siebten Lebensjahr des Menschen liegende Phase, in der sich die Kinder vorübergehend an das sich entgegengesetzte Geschlecht binden und sich an ihm orientieren.

Orientierung: Zeitliche und räumliche Ausrichtung der Körperlage und Körperbewegungen unter dem Einfluß von Reizen.

Paarbindung: Länger dauernder Zusammenschluß zwischen zwei erwachsenen Tieren verschiedenen Geschlechts, setzt individuelles kennenlernen voraus.

Polygamie: Zusammenschluß eines Tieres des einen Geschlechtes mit mehreren Tieren des anderen Geschlechtes. Gegensatz: Monogamie

Prägung: Ein genetisch programmiertes schnelles Lernen in einer kurz dauernden sensiblen, kritischen Periode; führt zur irreversiblen Fixierung eines bestimmten Verhaltens.

Prägungsperiode: Der Zeitraum, in welcher die Prägung erfolgt.

Projektion: Übertragung eigener, gehemmter oder verdrängter Antrieb auf andere Personen.

Radfahrerreaktion: Ersatzhandlung, die auf ein anderes Objekt umgerichtet wird, weil sie nicht auf das handlungsauslösende Objekt bezogen werden kann.

Rangordnung: Die abgestufte Ordnung sozialer Vorrechte in einem Sozialverband.

Reaktives Verhalten: Verhalten, das durch äußere Reize ausgelöst wird.

Reflex (unbedingter Reflex): genetisch festgelegte, nicht willentlich auslösbare Reaktion auf einen bestimmten Reiz, die stets in gleicher Weise abläuft.

Regression: Wiederauftreten kindlicher Verhaltensweisen bei erwachsenen Individuen.

Reifung: Vervollkommnung einer angeborenen Verhaltensweise im Laufe der Individualentwicklung (Ethogenese).

Reiz: Änderung eines bestehenden äußeren oder inneren Zustandes (z. B. der Helligkeit oder der Hormonkonzentration).

Reiz-Reaktionsbeziehung: Eine durch Zeit und Intensität bestimmte Beziehung zwischen einem dargebotenen Reiz und dem Auftreten der entsprechenden Verhaltensweise.

Reizsummenregel: Die Wirkung eines Schlüsselreizes, der aus Einzelreizen kombiniert ist, entspricht der Summe der Wirkungen der Einzelreize.

Revier: Gebiet, das gegen Artgenossen verteidigt wird. Es schließt bei Anwesenheit eines oder mehrer Revierbesitzer die gleichzeitige Anwesenheit von Konkurrenten aus.

Ritualisierung: Stammesgeschichtlicher Vorgang, bei welchem Verhaltensweisen aus einem Verhaltensbereich in einen anderen übernommen werden und eine Auslöserfunktion erhalten. Die zu Auslösern ritualisierten Verhaltensweisen sind gekennzeichnet durch Auffälligkeit, Vereinfachung, Übertreibung und rhythmische Wiederholung.

Schlüsselreiz: einfacher oder aus Einzelreizen kombinierter Außenreiz der eine Instinkthandlung auslöst.

Sensible Phase (Sensible Periode): Ein Zeitabschnitt im Leben eines Individuums, in welchem es für bestimmte Lernvorgänge besonders empfindlich ist.

Sensibilisierung: Schaffung eines spezifischen Reaktionszustandes bei einem Tier durch länger andauernde Reize (Sensibilisierungsreize).

Sensible kritische Periode: Prägungsperiode. Kurzer Zeitabschnitt (einige Stunden bis Tage), in der ein Individuum auf bestimmte Vorgänge bzw. Objekte geprägt wird. Der Vorgang ist irreversibel.

Sensible empfindliche Periode: Längerer Zeitabschnitt (Tage bis Wochen), in welchem ein Individuum für bestimmte auslösende Reize besonders empfänglich ist. Das in dieser Periode Erlernte wird zeitlebens behalten.

Sensible optimale Periode: Ein langer Zeitraum (Wochen bis Monate), währenddessen ein Individuum besonders gut und bereitwillig auf Lernsituationen anspricht.

Skinner-Box: Nach dem amerikanischen Experimentalpsychologen F. B. Skinner benannte Apparatur (Problemkäfig) zur Untersuchung von Lernvorgängen, vor allem solcher der bedingten Aktion.

Sozialisation: Vorgang, durch den ein Mensch in eine bestimmte Gruppe (Gesellschaft) hineinwächst, bei dem er die Normen, Werte, Lebens- und Denkweise dieser Gruppe in sich aufnimmt und sie später als eigen empfindet, sodaß er in der Gruppe reibungslos leben kann.

Spontanes Verhalten: Verhaltensweisen, die ohne erkennbare auslösende Ursachen ablaufen.

Sozialverhalten: Verhaltensweisen und Interaktionen zwischen Artgenossen, die in einer dauerhaften Bindung miteinander leben.

Stimmungsübertragung: Soziale Ansteckung. Ein Vorgang, bei dem die Neigung ausgelöst wird, dasselbe zu tun wie andere Artgenossen (bei sozialen Tierarten verbreitet).

Streß: Zustand, der als Folge körperlicher oder psychisch belastender Reize (Stressoren) auftritt. Er ist gekennzeichnet durch Abwehrreaktionen des Körpers, die durch Nebenierenhormone veranlaßt werden. Eine Streßsituation, die durch Artgenossen ausgelöst wird, nennt man sozialen Streß.

Sublimierung: Überführung instinktiver Antriebe in sozial und geistig hochbewerteter Tätigkeiten.

Supranaturale (übernormale) Attrappe: Künstlicher Auslöser, bei dem bestimmte als Auslöser dienende Merkmale übertrieben sind. Diese wirken oft stärker als der natürliche Auslöser.

Taxis: Räumliche Orientierung frei beweglicher Organismen durch gerichtete aktive Einstellbewegungen in einem Reizfeld.

Territorium: Revier

Traditionsbildung: Die Weitergabe der durch individuelle Erfahrung erworbenen Informationen an die Gruppe und an die folgenden Generationen.

Umorientierte Handlung: Ersatzhandlung, wenn verhindert wird, daß eine anlaufende Handlung auf das eigentliche handlungsauslösende Objekt bezogen werden kann. Das Tier weicht dann auf ein weniger angemessenes Objekt aus und reagiert hier seinen Antrieb ab.

Übersprunghandlung: Für die betreffende Verhaltenssituation unpassende Instinktbewegung, weil in Konfliktsituationen antagonistische Antriebe sich gegenseitig hemmen.

Urvertrauen (basale Sicherheit): Die angstfreie Zuwendung eines menschlichen Säuglings an seine Umwelt, die besonders im Mutter-Kind-Verhältnis zum Ausdruck kommt.

Ventilsitten: Handlungen, die aggressives Verhalten in weniger gefährliche Bahnen lenken und so zur Abreaktion führen.

Verhalten: Die Gesamtheit der beobachtbaren Bewegungen, Körperstellungen und Lautäußerungen eines Lebewesens.

Verhaltensstrategien: Psychologische Mechanismen zur Bildung eines Kompromisses zwischen Antrieb und ethischer Norm.
Verdrängung: Nichtwahrhabenwollen eines Sachverhalts
Rationalisierung: Nachträgliche Scheinbegründung für spontanes Handeln.
Substitution: Ausrichtung von Affekten, Gefühlszuständen und Instinkttätigkeiten auf ein Ersatzobjekt.
Sublimation: Überführung instinktiver Antriebe auf sozial hochbewertete Tätigkeiten.
Projektion: Übertragung eigener gehemmter oder verdrängter Antriebe auf andere Personen.
Identifikation: Unbewußte Übernahme und Nachahmung des

Verhaltens einer Autorität, welche die Antriebe zu diesem Verhalten hemmt.
Regression: Reaktivierung von Verhaltensweisen der Kindheit bei Erwachsenen.
Konversion: Übertragung psychischer Konflikte in körperliche Reaktionen und Symptome.

Verstärkung: Lernmechanismus, der bewirkt, daß durch belohnende Reize (positive Verstärker) Verhaltensweisen schneller, intensiver und zielgerichteter ausgelöst werden, bzw., daß die Schnelligkeit oder die Intensität eines Verhaltens unter dem Einfluß von Strafreizen (negative Verstärker) abnimmt.

Lösungen zu den Aufgaben

Lösungen Abschnitt 1–3

1. Das negative fototaktisch reagierende Tier zeigt eine Drehtendenz nach der Seite des schwächer belichteten Auges. Es dreht sich daher so lange, bis Erregungsgleichgewicht bei niedriger Reizintensität herrscht. Bei rechtsseitiger Blendung dreht sich das Tier in einem Kreis im Uhrzeigersinn mit nach innen gerichtetem geblendetem Auge. Bei linksseitiger Blendung dreht es sich gegen den Uhrzeigersinn.

2. Bei beidseitiger Blendung kann sich das Tier in keine bestimmte Raumrichtung einstellen; es läuft aber trotzdem umher. Man muß also die angeborene Einstellbewegung zum Erreichen der Erregungssymmetrie (Taxis) von der Fortbewegung (Lokomotion) durch Koordination der Beinbewegungen trennen. Beide Verhaltensweisen sind unabhängig voneinander, werden aber beim fototaktischen Verhalten (nicht Fototaxis!) miteinander verknüpft und ergeben die Gesamthandlung.

3. a) Aufstellen eines Verhaltenskataloges (Ethogramm) und Beschreibung der verschiedenen Verhaltensweisen.

b) Isolationsexperimente zur Analyse der angeborenen Komponenten des Verhaltens.

c) Attrappenversuche.

d) Elektrische Gehirnreizung und Vergleich der Ergebnisse mit dem beobachteten Verhalten.

e) Analyse von Fehlhandlungen.

f) Homologe Vergleichsreihen bei nah verwandten Arten.

g) Beim Menschen: Vergleich verschiedener Kulturen bzw. Beobachtung taub und blind geborener Kinder.

4. Die Schwingung des abhängigen Rhythmus (Rückenflosse) erhält man durch Addition der jeweiligen Amplitudenhöhe der Eigenschwingung der abhängigen Flosse und der Schwingung der beeinflussenden Flosse. Die resultierende Schwingung der additiven Überlagerung ist eine periodische Zu- und Abnahme der Amplitude der abhängigen Flosse (Schwebung).

Hinweis: Bei einem Frequenzverhältnis von 1 : 2 zwischen unabhängigem und abhängigem Flossenrhythmus und verschiedener Amplitudenhöhe der abhängigen Schwingung entsteht eine resultierende Schwingung des abhängigen Rhythmus, die stufenweise zur Auslöschung einer Schwingung des abhängigen Rhythmus und zu einer Verstärkung der Amplitude führt (siehe Abbildung).

Beim Magneteffekt wird der schnellere Eigenrhythmus der Rückenflosse verlangsamt, solange er sich annähernd in Phase mit dem Brustflossenrhythmus befindet. Der Rückenflossenrhythmus eilt trotzdem immer etwas dem Brustflossenrhythmus voraus. Bei zu großem Phasenunterschied beider Rhythmen kommt die Rükkenflosse durch einen raschen Zwischenschlag wieder in Phase mit der Brustflosse (Phasenkoppelung mit Frequenzmodulation).

5. a) Es gibt im ZNS autonome reizproduzierende Zentren, die unabhängig von Außenreizen sind.

b) Verschiedene Zentren stehen untereinander im Verhältnis von Dominanz und Abhängigkeit und beeinflussen sich gegenseitig.

c) Im physiologischen Bereich treten Gestaltbildungsvorgänge auf.

d) Koordinierte Bewegungen entstehen nicht durch Kettenreflexe.

6. Die Einzelelemente, aus denen eine Figur zusammengesetzt ist, werden als neue Einheit gesehen, die nicht Summe der Einzelelemente ist. Die neue Einheit besitzt Kontinuität und Symmetrie. Sie wirkt regelmäßiger, geschlossener, einfacher und eigenständiger als die Summe der Einzelelemente.

7. Handlungsfolge aus angeborenen Verhaltenselementen (Reflexen, Orientierungsbewegungen), die mit einer Instinktbewegung (Erbkoordination) abschließt. Instinktbewegung ist eine genetisch vorprogrammierte, artspezifische und starr ablaufende Bewegungsfolge mit Gestaltcharakter.

8. Einzelkomponenten des Schlüsselreizes wirken ebenfalls re-

aktionsauslösend, aber schwächer als die Gesamtheit der Reize. Der Schlüsselreiz ist eine Reizsumme. Eine Gestalt ist mehr als die Summe ihrer Teile, d. h. sie stellt eine neue Reizqualität dar.

9. Das Appetenzverhalten geht der Instinkthandlung voraus und erhöht die Wahrscheinlichkeit, dem handlungsauslösenden Objekt zu begegnen. Appetenzverhalten ist sehr variabel und der jeweiligen Situation angepaßt. Es besteht meist aus der Verschränkung von angeborenen und erlernten Verhaltensformen. Der Ablauf ist zweiphasig: ungerichtete Suche nach dem handlungsauslösenden Objekt und gerichtetes Annähern an dieses. Appetenzverhalten samt Ablauf verbrauchen nicht die für eine Instinkthandlung bereitgestellte aktionsspezifische Energie und beeinflussen daher nicht die Antriebsstärke für eine Instinkthandlung.

10. Aktivierung des Antriebs zu einer Instinkthandlung – Appetenzverhalten – Konfrontation mit dem handlungsauslösenden Objekt – Schlüsselreiz – Bildung eines Erregungsmusters in den entsprechenden Sinnesorganen – Ansprechen des AAM und Erregungsfilterung – Entblockierung der efferent leitenden Bahnen zu den Effektoren – starrer motorischer Ablauf der über die Effektoren ausgelösten Erbkoordination.

11. Antriebsstärke und auslösender Reiz bilden zusammen die handlungsauslösende Situation. Starker Antrieb setzt die Erregungsschwelle für Schlüsselreize herab. Daraus sind Ersatzhandlungen und Leerlaufhandlungen ableitbar. Je höher der Antrieb, desto besser setzen sich biologisch bedingte Handlungsweisen durch.

12. Sie sind angeboren und ererbt. Formstarrer Ablauf, zentralnervöse Ermüdbarkeit nach mehrmaliger Auslösung, können im Leerlauf oder Übersprung auftreten, sind durch Attrappen auslösbar.

13. Gegenseitige Hemmung von Verhaltenstendenzen und Minderung des Antriebs nach Ablauf der Instinkthandlung. Eine Verhaltenstendenz ist je nach biologischer Notwendigkeit immer am stärksten aktiviert und hemmt daher die anderen Verhaltenstendenzen. Nach Ablauf der diesem Antrieb zugeordneten Handlung sinkt die Bereitschaft für diese, dadurch wird die Hemmwirkung auf andere Verhaltenstendenzen geringer und die nächststärkere Verhaltenstendenz setzt sich anschließend durch.

14. Handlungen, die im Leerlauf ablaufen, sind immer Instinkthandlungen und zeigen den vollen Handlungsablauf. Übersprunghandlungen sind Teilhandlungen von Instinkthandlungen: sie laufen formstarr ab, zeigen die reine Instinktbewegung ohne Appetenz und Taxiskomponente

15. AAM ist eine nervöse Instanz, die beim Eintreffen des Erregungsmusters eines Schlüsselreizes diejenigen nervösen Bahnen freigibt, die zum Ablauf einer Instinktbewegung notwendig sind. Der AAM filtert selektiv die Erregungen, summiert Erregungen, setzt für bestimmte Erregungen die Empfindlichkeit herab, bewertet Einzelreize eines Schlüsselreizes unabhängig voneinander, ist abhängig von inneren Bedingungen.

16. a) Bei Triebkonflikt zwischen antagonistischen Antrieben, vorschneller Erreichung des Triebziels, Hemmung einer Instinkthandlung durch Fehlen des Schlüsselreizes und vorzeitiger Beendigung einer Instinkthandlung.

b) Bei Eintritt in einen neuen Triebbereich und frühzeitiger Teilreifung von Instinktbewegungen.

Lösungen Abschnitt 4–6

1. a) Bedingter Reflex: Ein neutraler Reiz, der dem reflexauslösenden Reiz zeitlich vorausgeht, wird zum neuen Auslöser des unbedingten Reflexes.

b) Bedingte Appetenz: Wenn auf eine neue Wahrnehmung eine Belohnung und damit Antriebsbefriedigung folgt, wird die neue Wahrnehmung zum erfahrungsbedingten Auslöser für das Appetenzverhalten.

c) Bedingte Aktion: Wenn auf ein Verhalten oder ein Verhaltenselement eine Belohnung und damit Antriebsbefriedigung folgt, wird das betreffende Verhalten in den Dienst einer neuen zu erreichenden Antriebsbefriedigung gestellt.

d) Bedingte Aversion: Wenn auf eine Wahrnehmung schlechte Erfahrung folgt, wird künftig das mit dieser Wahrnehmung verknüpfte Verhalten unterlassen.

e) Bedingte Hemmung: Wenn auf ein Verhalten eine schlechte Erfahrung folgt, wird künftig das Verhalten unterlassen.

2. Der durch ein Glockenzeichen ausgelöste Speicheldrüsenreflex ist kein bedingter Reflex im eigentlichen Sinne, sondern eine Begleiterscheinung der dem Ernährungsverhalten zugeordneten Appetenz. Begründung: Wird der Hund aus seiner Haltevorrichtung gelöst, so springt er die Lautquelle an und bettelt um Futter (= Appetenzverhalten). In der Versuchsanordnung konnte sich nur die Drüsensekretion als Teil des Appetenzverhaltens auswirken, da der Hund am Weglaufen gehindert war. Die neue Reaktion (Drüsensekretion und Zulaufen auf die Reizquelle) bildet sich nur dann aus, wenn eine Belohnung nachfolgt und der aktivierte Antrieb befriedigt wird.

3. Wahrnehmung, Gedächtnis zur Speicherung von Engrammen, Verknüpfungsmöglichkeit für Engramme, Möglichkeit zur Abrufung eines Gedächtnisinhaltes, angeborene Lerndisposition, Lernmotivation.

4. Einlegen sinnvoller Lernpausen. Wiederholung von Lerninhalten, Einüben des reproduktiven Wiedererkennens.

5. Beide Verhaltensweisen entsprechen einem Meideverhalten, durch welches das Lebewesen vor Gefahr geschützt wird. Beim bedingten Reflex wird das angeborene Verhalten – der Reflex – nicht verändert. Bei der bedingten Aversion wird das gesamte Meideverhalten mit dem auslösenden Reiz verknüpft, wobei ein Verhalten, das in der Lernsituation nicht vorkam, auftreten kann. Eine unangenehme Erfahrung mit Nahrung kann dazu führen, daß künftig nicht nur die Nahrung gemieden wird, sondern auch der Ort, an welchem die Nahrung gefunden wurde.

6. Angeborener Lernvorgang, bei dem während einer sensiblen kritischen Periode eine Objektbindung irreversibel erlernt wird. Sie erfolgt auf das Objekt, das die beim Prägungsvorgang wirksame Reaktion zum ersten Mal auslöst. Prägung ist nicht individuell, sondern auf das allgemeine Artbild gerichtet.

7. Tiere können nicht zählen. Sie haben lediglich das Vermögen, ein allgemeines Anschauungsbild (Gestalt!) einer Anzahl zu sehen und danach zu handeln. Ein dem menschlichen Zahlbegriff vergleichbares, wie er für das Zählen Voraussetzung ist, besitzen Tiere nicht, da sie keine Begriffssprache haben.

8. a) Einübung von Verhaltensweisen, die erst in Zukunft dem Tier Nutzen bringen, Training der motorischen Geschicklichkeit, Exploration des sozialen Spielraumes, Aneignen der Fähigkeiten anderer Artgenossen.

b) Verhaltensweisen, die im Ernstfall folgerichtig ablaufen, sind im Spiel frei kombinierbar. Spieltendenz hat nur geringe Hemmwirkung auf andere Antriebe, daher ist das Spiel nur im »entspannten Feld« voll wirksam. Die Befriedigung des Antriebs zum Spielen liegt im Durchführen des Spielverhaltens selbst.

9. Auftreten gleicher rhythmischer Perioden bei der relativen Koordination, Starrheit des Ablaufs von Erbkoordinationen, Sehen von Anzahlen beim »Zählvermögen« von Tieren.

10. Direkte Zielerreichung; Ablassen vom zielstrebigen Handeln mit Handlungspause und Gleichgültigkeit gegenüber dem Handlungsziel; glatter zügiger Handlungsablauf, der direkt zur Erreichung des Zieles führt.

11. Lösungsweg einer Aufgabe muß überschaubar sein. Werkzeuge werden nur gebraucht, aber nicht hergestellt, und allein un-

ter dem Aspekt des gegenwärtigen Gebrauchs gesehen.

Problembewußtsein fehlt, ebenso die Einsicht in kausale Zusammenhänge.

12. Selbsterkennen des eigenen Körpers, Erfinden neuer Techniken, Traditionsbildung und Weitergabe tradierter Verhaltensweisen auf andere Gruppenmitglieder, sprachähnliche Kommunikation durch Zeichen.

Lösungen Abschnitt 7

1. Aggregation: Zufälliges Zusammenfinden von Tieren an einem Ort (Schlafgemeinschaft, Nistgemeinschaft u. a.). Offener anonymer Verband: Verband von Tieren, die sich nicht gegenseitig persönlich kennen. Gruppenmitglieder sind willkürlich austauschbar (Fischschwarm, Huftierherden). Geschlossener anonymer Verband: Gemeinschaft von Tieren, die sich nur durch angeborene Signale erkennen (Nestgeruch) und dadurch den Zusammenhalt der Gruppe bedingen (soziale Staaten der Hautflügler und Termiten, Rattenrudel). Individualisierter Verband: Gruppenmitglieder kennen sich persönlich, keine willkürliche Austauschbarkeit der Gruppenmitglieder (Hundefamilie, Affengruppen).

2. a) Schutz des Einzelnen in der Gruppe durch gemeinsame Verteidigung der Gruppe. Arbeitsteilung, Traditionsbildung.

b) Bindung über die Schutzsuche und das Brutpflegeverhalten.

3. Schaffung neuer Verständigungsmittel zwischen Artgenossen. Ritualisierung dient der Aggressionshemmung und der sozialen Bindung. Dadurch wird die Stabilität einer sozialen Gruppe erhöht.

4. Neue Funktion in einem anderen Verhaltensbereich, Formveränderung, gerichtetes Aussenden auf einen Adressaten, optische oder akustische Übertreibung oder Wiederholung des ritualisierten Signals, Verselbständigung der Handlung mit eigener Appetenz und eigenem AAM.

5. Aus dem Bereich der Brutpflege, des Sexualverhaltens, der sozialen Körperpflege und dem Verhalten der Jungtiere. Demutsgesten eines Hundes, abgeleitet aus der Futterbettelbewegung des Jungtieres bzw. aus der Säuberungsstellung der Jungtiere; Begrüßung durch Handschlag bei Affen, abgeleitet aus der Futterbettelbewegung der Jungtiere: Umarmen, abgeleitet aus der Schutzgeste für die Jungtiere; Genitalpräsentieren der Affen.

6. Revier ist ein abgegrenzter Raumbezirk, der von einem Tier oder einer Gruppe verteidigt wird. Reviere werden abgegrenzt

durch Duftmarkierung, lokomotorische Kontrolle und durch Laute. Die Kampfkraft ist abhängig von den Revierkoordinaten. Sie ist in der Mitte des Reviers am größten und nimmt nach außen ab. Revierverhalten sichert den Lebensraum eines Lebewesens, regelt die Populationsdichte durch gleichmäßige Verteilung der Individuen über ein größeres Gebiet, dient der Nachwuchskontrolle und dem zusätzlichen Schutz der Jungen.

7. Unter Aggression versteht man jede feindlich getönte Auseinandersetzung mit anderen Lebewesen. Man kennt Aggression gegen den lebensbedrohenden Feind, gegen Revier- und Sexualrivalen, gegen die Gruppenhierarchie, gegen den Gruppenfeind, gegen den Gruppenaußenseiter und gegen Frustration.

8. a) Gruppenaggression führt zur Vertreibung oder Tötung des Gruppenfeindes. Der Unterlegene wird nicht in die Gruppe eingegliedert. Gruppenaggression wirkt ansteckend auf die gesamte Gruppe und führt zu kollektivem Angriff auf den Gruppenfeind.

b) Rangordnungsaggression wird durch Unterlegenheitssignale beendet, führt in der Regel nicht zur Verletzung des Gegners, wirkt nicht ansteckend auf die Gruppe. Der unterlegene Gegner wird entsprechend dem ausgekämpften Rang in die Gruppe eingegliedert.

9. Altruismus bietet durch die gegenseitige Hilfe und den Einsatz des Einzelnen für die Gruppe der ganzen Gruppe Vorteile. Die Wahrscheinlichkeit, daß diese ererbte Anlage erhalten bleibt, ist in individualisierten Gruppen, deren Mitglieder untereinander verwandt sind, größer als in offenen Gruppen mit beliebiger Austauschbarkeit der Individuen.

10. Affen sind im Geäst der Bäume oder auf dem Boden umherschweifende Tiere. Die Jungen sind daher auf ständigen Kontakt mit der Mutter angewiesen. Jede Trennung von ihr ist lebensbedrohend. Aus dieser Situation hat sich wahrscheinlich stammesgeschichtlich die enge Mutter-Kind-Kontaktbindung entwickelt.

Lösungen Abschnitt 8

1. Instinktunsicherheit, Überformung instinktiver Antriebe durch Vernunft, Einsicht und Willen als phylogenetischer Neuerwerb, Begriffssprache, kulturelle Tradition, Permanenz des Neugier- und Spielverhaltens während der gesamten Lebenszeit, Säugling als ehemaliger Tragling, Trennung von Fortpflanzung und Partnerbindung im sexuellen Bereich.

2. Nesthocker: Junge, die nackt und mit geschlossenen Augen und geschlossenen Gehörgängen zur Welt kommen; sie sind unfähig, der Mutter zu folgen, und müssen von dieser im Nest ernährt werden.

Nestflüchter: Junge, die mit ausgebildetem Haarkleid sowie mit offenen Augen und Gehörgängen geboren werden, sofort nach der Geburt der Mutter folgen und selbständig ihre Nahrung aufnehmen.

Traglinge: Junge, die mit ausgebildetem Haarkleid, offenen Augen und Gehörgängen geboren werden, aber der Mutter nicht folgen können, sondern von ihr stets mitgetragen werden.

3. Das embryonale Wachstum hält bis ein Jahr nach der Geburt an (= »physiologische Frühgeburt«). Der Mensch kommt wie ein Nestflüchter zur Welt, ist aber unselbständig und auf die Pflege der Mutter angewiesen (= »sekundärer Nesthocker«). Der Säugling zeigt Klammerreflexe wie ein Tragling, kann sich aber nicht an der Mutter festhalten (= ehemaliger Tragling).

4. Emotional bestimmte verbale Aggression verursacht beim Menschen eine durch den Willen nicht unterdrückbare Hautreaktion (Gänsehaut), die dem Aufrichten des Haarpelzes beim aggressiven Verhalten von Säugetieren homolog ist. Aggressives Verhalten einer Gruppe löst beim Angehörigen der Gruppe einen »Schauder der Begeisterung« aus, welcher der Stimmungsübertragung beim kollektiven Angriff einer Tiergruppe gleichzusetzen ist.

5. Ventilsitten (Sport, Kampfspiele, Rededuelle), umorientierte Handlungen, ritualisierte Begrüßungszeremonien, Demutsgebärden.

6. Zeitlich begrenzter Abschnitt, in welchem die Mutter-Kind-Bindung gefestigt wird. Störungen beim Ausbleiben dieser Bindung. Große Therapieresistenz der Störungen. Abschreckende Erfahrungen mit der Mutter stören selten die Bindung an diese.

7. Nichtgeprägte Kinder leiden an Verlassenheitsangst. Sie hemmt die optimale Ausnutzung des Neugier- und Spielverhaltens. Damit wird die Phase des schnellsten Lernens nicht genutzt. Die Folge davon ist mangelnde sprachliche Ausdrucksfähigkeit, fehlende Gefühlsbindung zum Artgenossen und erhöhte Aggressivität.

8. Vorteile: Kulturell ritualisierte Normen festigen den Zusammenhalt einer Gruppe und geben ihr Stabilität. Die zwischen Gruppen verbindlichen Normen stärken den Zusammenhalt einer großen Sozietät.

Nachteile: Kulturbedingte Riten zwischen Gruppen können sich so weit auseinanderentwickeln, daß die verbindlichen sozialen Signale nicht mehr verstanden werden. Dies löst Intergruppenaggression aus und kann zur Auslöschung einzelner Gruppen oder einer ganzen Kultur führen.

9. Sexuelle Potenz des Mannes bis ins hohe Alter, Unabhängigkeit der sexuellen Bereitschaft der Frau vom Ovarialzyklus, Orgasmus der Frau.

10. Lächeln, Weinen, Kindchenschema, Mann-Weib-Schema, Verständnis für Physiognomie, Krabbelschema, Knirschschema.

11. Lange Individualentwicklung des Kindes, intensive Sozialisierungsphase, lange Lern- und Ausbildungsphase. Im individuellen Kontakt des Familienverbandes können diese Phasen besser genutzt werden als im großen individualisierten Verband.

Literatur zur Verhaltenslehre

Altner, G. (Hrsg.): Kreatur Mensch, dtv München 1973

Becker, D. E. und C. P. Müller: Aspekte der Sozialpsychologie, Diesterweg-Salle, Frankfurt 1978

Berk, K. H.: Tier- und Humanpsychologie. Quelle und Meyer, Heidelberg 1968

Blough, D. S., und P. McBride-Blough: Psychologische Experimente mit Tieren. Suhrkamp, Frankfurt/Main 1970

Borgmann, K.: Aggressionen bei Tier und Mensch I und II. Praxis der Naturwissenschaften: Biologie Heft 9/1976, S. 235 und Heft 10/1976, S. 267, Aulis Verlag, Köln

Bühler, Ch.: Psychologie im Leben unserer Zeit. Droemer/Knaur, München–Zürich 1962.

Dahmen-Dallapiccola, A. L.: Indische Miniaturen. Holle Verlag, Baden-Baden 1976

Dollard, u. a.: Frustration und Aggression. Beltz, Weinheim 1973

Dröscher, V. B.: Die freundliche Bestie. Stalling, Oldenburg 1968

Eibl-Eibesfeldt, J.: Grundriß der vergleichenden Verhaltensforschung. Piper, München 1972

Eibl-Eibesfeldt, J.: Liebe und Haß. Piper, München 1970

Ford, C. S., und F. A. Beach: Formen der Sexualität. Hamburg, ro ro ro sexologie 1968

Fürntratt, E.: Psychologie der Aggression. In: betrifft Erziehung Heft 5, S. 27, 1972

Gadamer, H. G., und P. Vogler (Hrsg.): Neue Anthropologie, Bd. II Biologische Antropologie zweiter Teil. DTB-Verlag u. Georg Thieme, Stuttgart 1972

Beiträge: Eibl-Eibesfeld, J.: Stammesgeschichtliche Anpassungen im

Verhalten des Menschen. Hassenstein, B.: Das spezifisch Menschliche nach den Resultaten der Verhaltensforschung. D. Ploog: Kommunikation in Affengesellschaften und deren Bedeutung für die Verständigungsweise des Menschen. Wezler, K.: Menschliches Leben in der Sicht des Physiologen

Gehlen, A.: Der Mensch. Athenaeum Verlag, Bonn 1950

Hassenstein, B.: Kybernetik und biologische Forschung, Handb. d. Biologie, Bd. 2. Akadem. Verlagsges. Athenaion, Frankfurt/Main

Hassenstein, B.: Mittel der Verhaltenslenkung: Aggression und Information. Neue Sammlung 8, 1968

Hassenstein, B.: Verhaltensbiologie des Kindes. Piper, München–Zürich 1973

Hess, E. H.: Prägung. Kindler, München 1975

Hedewig, R. und C. Hildebrand: Ist Aggressivität ein spontan anwachsendes Bedürfnis? Praxis der Naturwissenschaften: Biologie Heft 9/1975, S. 232. Aulis Verlag, Köln

Höfelmeyer, A. und G. Küster: Aggression und Gewalt. Diesterweg-Salle, Frankfurt 1978

Hofstätter, P. R.: Gruppendynamik. r d e Rowohlt, Hamburg 1957

v. Holst, D.: Sozialer Stress bei Säugetieren – Artgenossen als schädigende Umwelt. Universitats Heft 6/1977 S. 639, Wissenschaftl. Verlagsgesellschaft, Stuttgart

Holst, E. v.: Verhaltensphysiologie I/II. Piper, München 1969/70

Immelmann, K. (Hrsg.): Grzimeks Buch der Verhaltensforschung. Kindler, München 1974

Lamprecht, J.: Verhalten. Studio Visuell. 2. Aufl. Herder, Freiburg 1972

Lawick-Goodall, J.: Wilde Schimpansen. Reinbeck 1971

Lorenz, K., und P. Leyhausen: Antriebe tierischen und menschlichen Verhaltens. Piper, München, 3. Aufl. 1971

Lorenz, K.: Das sogenannte Böse. Borotha-Schoeler, Wien 1963

Lorenz, K.: Über tierisches und menschliches Verhalten, I. u. II. Piper, München 1971

Lorenz, K.: Die sieben Todsünden der Menschheit. Piper, München 1973

Metzger, W.: Gestaltwahrnehmung. n + m Nr. 23, 1968, Zeitschrift der Fa. Boehringer & Söhne GmbH, Mannheim

Neumann, G. H.: Der Mensch in der modernen Biologie. Essen 1972

Morris, D.: Der Menschen-Zoo. Droemer, München 1969

Plack, A.: Die Gesellschaft und das Böse. List, München 1967

Remane, A.: Sozialleben der Tiere. G. Fischer, Stuttgart 1976

Roth, G. (Hrsg.): Kritik der Verhaltensforschung, C. H. Beck, München 1974

Schlemmer, J.: Der neue Streit ums Milieu. Das Heidelberger Studio. Quelle und Meyer, Heidelberg 1978

Schmalohr, E.: Frühe Mutterentbehrung bei Mensch und Tier. Reinhardt, München–Basel 1968

Schmidbauer, W.: Erziehung ohne Angst. dtv München 1976

Schultz, H. J. (Hrsg.): Psychologie für Nichtpsychologen. Kreuz-Verlag, Stuttgart 1975

Seger, I.: Knaurs Buch der modernen Soziologie. Droemer-Knaur, München 1974
Skrzipek, K. H.: Praktikum der Verhaltenskunde. Teubner Studienbücher Biologie. Teubner, Stuttgart 1978
Spitz, R.: Vom Säugling zum Kleinkind, 2. Aufl. Klett, Stuttgart 1969
Stokes, A. W.: Praktikum der Verhaltensforschung. VEB G. Fischer, Jena 1971
Tembrock, G.: Grundlagen der Tierpsychologie. Akademie Verlag, Berlin 1967
Tinbergen, N.: Instinktlehre. Parey, Berlin 1969
Unterricht Biologie: Aggression Heft 7/1977. Friedrich-Verlag, Seelze
Wickler, W.: Stammesgeschichte und Ritualisierung. Piper, München 1965
Wickler, W.: Sind wir Sünder? Naturgesetze der Ehe. Droemer, München 1969
Wickler, W.: Biologie der zehn Gebote. Piper, München 1971

Register

Studienreihe Biologie

Band 1 Genetik und Molekularbiologie
Ulrich Kull und Hans Knodel

Band 2 Sinnesorgane und Nervensystem
Ulrich Bäßler

Band 3 Evolution
Ulrich Kull

Band 4 Ökologie und Umweltschutz
Hans Knodel und Ulrich Kull

Band 5 Verhalten
Albert Danzer

Band 6 Evolution des Menschen
Ulrich Kull

Band 7 Erkenntnisgewinnung in der Biologie, dargestellt an der Entwicklung ihrer Grundprobleme
Erich Götz und Hans Knodel

Band 8 Nutztiere
Franz-Peter Leibig

Band 9 Nutzpflanzen
Alfred Schwarzenbach und Hans Knodel

In Vorbereitung sind weitere Bände zu den Themen:
„Stoff- und Energiewechsel (Grundlagen und Anwendung)" und „Biologie und Philosophie in ihren Wechselbeziehungen".